移动社交营销实战手册

付峥嵘　常洛瑜◎著

人民邮电出版社
北京

图书在版编目（CIP）数据

移动社交营销实战手册 / 付峥嵘，常洛瑜著. -- 北京 : 人民邮电出版社，2016.8
ISBN 978-7-115-42848-6

Ⅰ. ①移… Ⅱ. ①付… ②常… Ⅲ. ①网络营销－手册 Ⅳ. ①F713.36-62

中国版本图书馆CIP数据核字(2016)第142132号

内 容 提 要

移动互联网时代，社交这一人类原始需求的地位越来越重要，并逐步成为主导市场和信息传播的主要因素。营销信息如果在社交平台上疯狂传播，其产生的营销价值不可估量；创业公司如果能在起点即引爆关注，其获得的客户与流量亦不可估量。如何利用移动社交引爆传播，从而获得客户与流量，实现营销，这是每位创业者和有创业梦想的人孜孜以求的事情。

本书从移动社交的形式、社交引爆的几大定律、起点引爆的法则等角度系统而全面地呈现了移动社交的引爆定律与法则，提供了切实可行的操作方法。

本书案例翔实、语言轻松，是创业者和有创业梦想的人在思考与实操过程中可以借鉴的宝典。

◆ 著　　付峥嵘　常洛瑜
责任编辑　李士振
责任印制　周昇亮
◆ 人民邮电出版社出版发行　　北京市丰台区成寿寺路 11 号
邮编　100164　　电子邮件　315@ptpress.com.cn
网址　http://www.ptpress.com.cn
三河市海波印务有限公司印刷
◆ 开本：720×960　1/16
印张：16.25　　2016 年 8 月第 1 版
字数：358 千字　　2016 年 8 月河北第 1 次印刷

定价：49.80 元

读者服务热线：(010)81055296　印装质量热线：(010)81055316
反盗版热线：(010)81055315
广告经营许可证：京东工商广字第 8052 号

前言

移动社交时代，信息随时都可能被引爆

Facebook 曾以 190 亿美元收购了快速成长的跨平台移动消息公司 WhatsApp，创造了互联网产业并购交易的规模之最。

190 亿美元意味着什么？这个数字相当于 19 个 Instagram，或 Facebook 高速增长下近两年的全部营收。所以，很多人会产生疑问：为什么 Facebook 作为世界排名领先的照片分享站点，在全球范围内已经拥有了不可忽视的影响力，却要花费巨资收购一家成立时间只有短短几年，用于智能手机之间通信的应用程序？

从社会环境来看，当智能手机成为人们生活中的必需品，移动互联网的社交经济自然水涨船高，这也就意味着企业拥有更多的客户、商业机会、引爆的风口。

从 Facebook 的财务报表来看，2012 年第一季度到 2013 年第四季度，其移动端月活跃用户数从 4.9 亿增长到 8.7 亿，而第四季度的移动广告业务在广告营收中所占比例已经达到 53%。这些数字背后透露出来的正是 Facebook 的发展方向或者说是主战场——移动社交。

综合以上两点，我们也就不难理解 Facebook 之所以要高价收购 WhatsApp 了，正是因为“WhatsApp 是他们看到的唯一比 Facebook 活跃度更高的应用”。马克・扎克伯格曾在收购会议上明确表示：“‘移动 + 社交’是移动互联网中眼球密度最高的经济体。”

不仅仅是在互联网时代，即使在以往的任何一个时代，唯一不变的一个商业现象就是“眼球与商机永远成正比”。

毋庸置疑，移动社交已经成为眼球密度最高的经济体，在移动社交中，信息传播随时都可能被引爆。比如，在很多已经成为“爆款”的产品中，有的只是初创团队的一个创意，有的只是草根个体的一个想法，他们是典型的“三无”人

群：一无平台资源，二无经验技术，三无资金实力。但他们却向我们证明了一个事实——移动社交为任何一款产品或服务都提供了可能引爆的机会和空间。

原《凤凰周刊》执行主编、大象公会创始人黄章晋曾说过："在大事件发生时，相比以前去到现场的记者少了，因为现在第一时间会有人持续不断地在微社交平台上发布事件的过程，人们也能够获取更及时的原生态信息。"

当人们的媒介使用权得到了真正意义上的下移和扩散的时候，也预示着人们曾经只有在合适的时间和地点才能发布信息的时代已经结束了。因为移动互联网具有随时、随地、即兴的特性，使用户在等人、排队、乘车、上洗手间、起床前、睡觉前的这些碎片化的时间里可以随时随地获知和发布信息，而且用户所发出的信息也能够以最快的速度呈现和获得反应。

社交网络已经改变了人们获取信息的方式，诚如互动派 CEO 王耀明所说："随着互联网进入社交时代，'粉丝'也已经由'被动接受者'转变为掌握传播主导权的'主动参与者'。"

与此同时，工业和信息化部 2015 年发布的数据显示，2015 年前 3 个月，我国移动互联网用户总数净增超过 2400 万户，总规模超过 8.99 亿户，同比增长 5.7%。基于庞大用户数的不断增长，一方面是移动社交的发展势头正劲，另一方面则是引爆概率的不断放大。

更为重要的是，随着移动应用产品的快速普及（比如微信、微博等），颠覆了人们传统的信息获取方式，尤其是通过这些应用的转发和分享等功能，使得信息的传播更加频繁而细微，甚至可以起到"润物细无声"的功效。更为关键的是，在这个过程中所建起来的一套分享体系，正是打造"爆款"的基础。

然而，纵观能够快速引爆的移动互联网产品，虽然在数量上屈指可数，在功能、领域方面不尽相同，在创业团队方面不一，在创业理念方面不等，在研发技术、产品实力方面各有千秋，但"爆款"都有一个共同的特征——必须遵循引爆定律。

而我们只要抓住了引爆定律，成功营销即能变得轻而易举！

目录

Part 1 不懂移动社交，怎能引爆创业与营销

Part 2 社交红包营销：有收益才热情分享

Part 4 2 秒定律：善抓眼球，新奇驱动社交营销

Part 6 社群引爆：移动社群创造更大营销窗口

Part 9 病毒式社交营销：寻找和把控连接点

Part 10 垂直社交营销：移动社交打造最具价值网红

Part 1

不懂移动社交，怎能引爆创业与营销

1.1 原始需求是最强的产品驱动力

有人想吃烧烤的面饼，于是有了烧饼、火烧……

有人想喝糖水化合物，于是有了柠檬水、柚子茶……

显然，一款产品的存在意义，在于其针对用户需求运用技术和服务上的能力，提供一整套的解决方案。

于是，我们经常可以听到一种比较普遍的、基本的、易被理解的认识——“满足用户需求”的产品才有价值。然而，“用户需求”是变幻不定的，即使我们有足够的技术和服务能力“满足”这个目标，也无法框住需求的不确定性。

美国心理学家亚伯拉罕·马斯洛1943年在《人类激励理论》中将人类需求像阶梯一样从低到高按层次分为五种，分别是生理需求、安全需求、社交需求、尊重需求和自我实现需求。

马斯洛提出人的需求不仅是一个从低级向高级发展的过程，而且在每一个时期都有一种需求占主导地位，如图1-1所示。

这也就是为什么在市场上依然存在很多用户不满意产品的原因，因为企业在满足用户某一时期需求的同时，他们的需求其实已经在无形中上升到了一个更高级别的需求。比如，某些大型商超，丰富的产品让人们可以购买到所有需要的物品，但在结账的时候却往往要排队等待，浪费很多宝贵时间，这时候消费者又会产生一种需求——降低时间成本。也就是说，同样的大型商超，谁能最大程度降低消费者的时间成本，谁就能获得更多的客户。

那么，什么样的产品才算“好”？用户如何感知并认可这个“好”的存在？

答案是满足用户的原始需求。

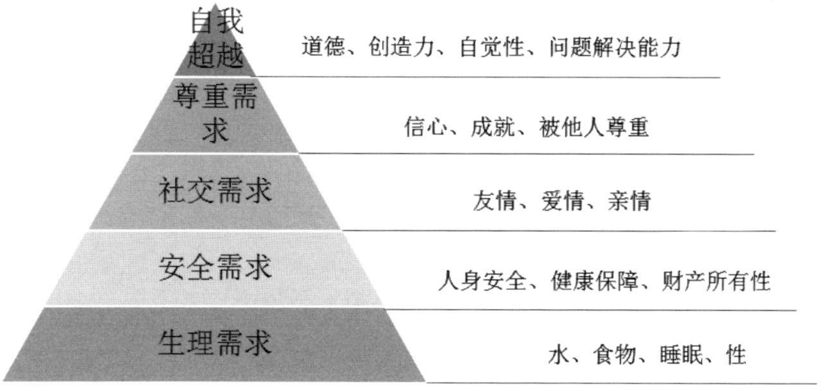

图 1-1　马斯洛需求理论

原始需求是一种最强烈的需求，是人类原始的本能欲望，包括衣食住行游娱购，具有高频性、高需性，它更是最强大的产品驱动力。更为重要的是，原始需求融合了人们在生活与工作中遇到的“痛”和渴望的“美”，我们的产品只要能够解决其中的一个点，不管是痛还是美，都可以促使用户从变向消费状态转为定向消费状态。

也就是说，基于原始需求中的“痛”或者“美”衍生出来的产品或者服务，才能粘住更多的用户。

1.1.1　解决痛点，才能做出爆品

滴滴出行为什么可以火得一塌糊涂？是因为创始人程维的个人魅力——有胆略，有魄力，能破釜沉舟，义无反顾？

事实上，滴滴出行之所以能够用短短三年时间在打车领域独树一帜，正是因为其精确地瞄准了用户的原始需求，解决了用户原始需求中的痛点。

对司机而言，他们的痛点是什么？

当然是油价高、堵车、租价低、份子钱高，尤其是空载率居高不下，一直是司机师傅抱怨的重点对象，如图 1-2 所示。

对乘客来说，他们的痛点是什么？

等待时间长、打不到车、乘车环境差、绕路等。

滴滴打车的诞生则终结了传统打车模式。滴滴出行利用“互联网 +”的特性，打造了一个乘客与司机紧密相连的 O2O 完美闭环：

司机师傅随时可以接单，大大降低了空载率；乘客随时可以叫车，大大节省了等待时间。

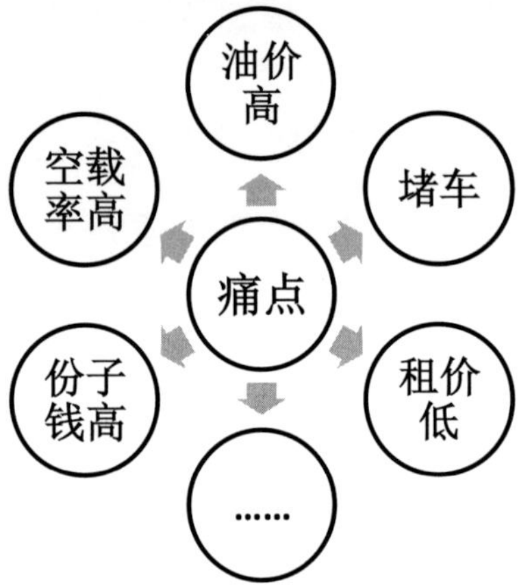

图 1-2　出租车司机的痛点

而且滴滴出行还有诸如快车、专车这样最大限度优化乘客打车体验的产品，可谓一举双得，同一时间解决了司乘双方的痛点，最大化节省了司乘双方的资源与时间。

正因为如此，滴滴出行这个初创公司仅仅用了三年的时间便已被估值 150 亿美元，覆盖了近百座城市。滴滴出行每天可为全国超过 1 亿的用户提供便捷的召车服务，包括面向中高端用户群体的滴滴专车，面向大众群体出行的滴滴快车，绿色、节能、环保的拼车业务滴滴顺风车，给企业带来实惠与方便的滴滴企业用车，为车主群体提供代驾服务的滴滴代驾。

1.1.2 将美感打造到极致，就是爆品

美是人们的物质需求得到满足后产生的一种精神层面的需求，往往会通过穿衣打扮来满足。然而，当其外显的必需条件得不到满足时，它只能隐藏在某一个心理角落；一旦条件允许，它就会势如破竹，成为另一种最强大的产品驱动力。

roseonly 的诞生和成功正是基于这一点，因为越来越多的情侣在物质条件富足的情况下，开始追求更极致的产品和体验，roseonly 正好提出了一个完美的解决方案，解决了消费者给爱人送礼时对极致产品的需求。

首先这个需求是客观存在的，roseonly 不仅为找到真爱的人们提供“一生仅送一人”的爱情信物，更为关键的是，它把专属性、稀缺性等情感因素巧妙地融合进来，实现了和其他花店的差异化，如图 1-3 所示。

图 1-3 roseonly 核心理念

事实上，roseonly 最核心的卖点，除了 roseonly 的花是全世界最好的花，是从厄瓜多尔运过来的，除了有最好的设计师和最好的花艺师，“唯一”这个

概念更是精准地戳中了所有情侣的内心。

要知道，想要成为 roseonly 的客户，首先需要实名注册，注册后绑定指定收礼人，终生不能更改。roseonly 成功地为每一对情侣描绘了一个用身份证才能买、一生只能送给一个人的美丽传说。

情侣之间相信真爱、追求真爱，那么 roseonly 就为他们打造了一个“专爱”理念。或许，roseonly 的玫瑰花并不值如此高的价格，但有多少对情侣会认为他们的爱情不值钱呢?

原始需求往往代表的是一些隐藏在用户背后等待解决的真问题，从产品角度来说，解决这些问题需要真正有价值的产品。如果你的产品恰好可以满足人们的原始需求，那么其将会打开一个更加广阔的消费市场。一旦我们通过技术或者服务能力为用户提供了更完善、更极致的服务时,用户就获得了产品体验感、产品价值感，需求就能被满足。

因此，当移动互联网成为这个时代的主角的时候，人们的原始需求更加凸显，社交将成为移动互联网时代最强的产品驱动力。

1.2 无社交不传播，移动端成营销主战场

社交是什么？广义上的社交就是人与人之间的互动、交流。百度百科给出的定义是，社交是指社会上人与人的交际往来，是人们运用一定的方式（工具）传递信息、交流思想，以达到某种目的的社会活动，而这“某种目的”指的就是解决需求。

如果我们换一个角度，可能会更容易理解人与人之间为什么要进行社交活动。因为人们要解决自己各种层面的需求，比如吃饭、出行、购物、工作、旅游、营销、推广等，这时候如果仅仅依靠个人的能力很难满足，所以就需要他人的帮助，以达到自己想要的效果。

从这个层面来说，社交并不是为了交朋友，而是为了建立某种联系，进而满足自己的某种需求。

可以说，社交的本质就是让人解决需求，但反过来说，人要想解决需求，社交是前提。那么，想要解决信息传播的需求同样需要社交，可谓无社交不传播，尤其是在移动互联网时代。

1.2.1 移动社交网络是传播的基础

《万万没想到》是一部典型的网络自制剧，但是它为什么会比一些传统意义上的影片还要火——截至 2016 年 5 月，其第二季优酷播放量已达 9.1 亿次。

其实，如果我们稍微留意一下，不难发现“我叫王大锤，万万没想到……”“我想起那天下午夕阳下的奔跑，那是我逝去的青春”“请叫我官人”……剧中的

这些经典话语在微博上广为流传，并已渗入到朋友、同事聊天的话题中。

其中，微博作为一种社交网络平台，在《万万没想到》的传播过程中起到了不可忽视的作用，而其背后所折射出的事实是社交网络相比传统社交更有利于传播，如图 1-4 所示。

1. 网络社交无须熟人介绍

在网络上虽然彼此之间是比较陌生的，但只要有共同的话题就可以建立起社交关系，而且不会受到时间、区域的影响。在这种背景下，社交的成本在降低的同时，效率却会不断提高，那么传播的速度也会随之提升。

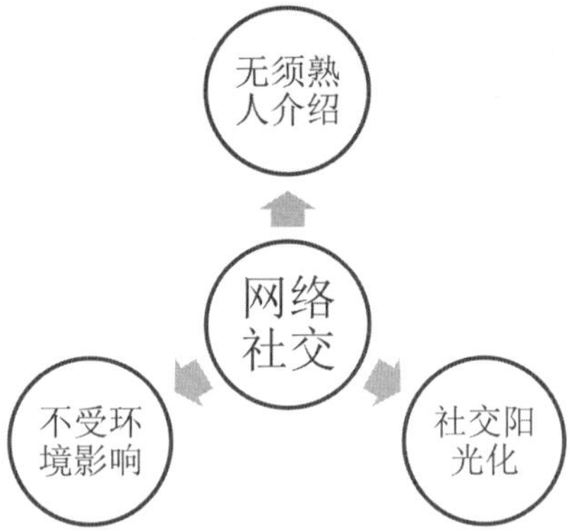

图 1-4　网络社交相比传统社交的优势

2. 网络社交的内容更加透明

网络社交不会限于交流的双方，对交流的效果和深入的程度也不只有交流双方才知道。此外，网络社交的双方也会通过一些网络注册的信息对彼此有一个基本的了解，可以更好地把握好交流的基本原则，降低交流的难度，有利于沟通的开展，同时更加有利于信息的传播。

3. 网络社交不受周边环境的影响

网络社交不需要严谨和中规中矩，相反，越是幽默、轻松的方式越可以达到良好的沟通效果。

在传统社交方式下，我们往往需要依靠运气才能发现与客户之间是否存在共同点，进而建立商业联系。比如一名销售员邀请一名潜在客户骑马，在返回的途中，他突然发现原来这名客户和他的一位大学同学是亲戚，于是通过这个话题，他与客户之间的距离又拉近了一步；第二次，他约上自己的大学同学与客户一起骑马，这次在返回的途中，他与客户已经开始讨论合同了。

然而，在网络社交中，运气已经起不到任何作用了，比如我们通过微博、微信等就可以得到一些客户的信息。如果我们发现某个人与我们同是某位明星的粉丝，这就可以让我们发现与客户的共同点，从而迅速建立起社交关系。

人类的本能之一就是社交，人们生活与工作的基本需求之一也是社交，而且社交在移动互联网时代已经覆盖了人们生活与工作的方方面面，达到了无社交不生活、无社交不工作、无社交不传播、无社交不商业的地步。

1.2.2 移动端让信息引爆更容易

随着社交网络的发展，处处社交的时代已经来临。互联网的本质是联结，所以人类正在由一个个个体变成万物相连的新集群，社交已经成为人们痛点、痒点、沸点的集结体。

正是基于这种趋势，我们可以清晰地看到，不仅是互联网媒体、电子商务、各类软件和新兴产业的变化，甚至一些传统行业的变化也无不和网络社交，尤其是移动社交有关。

可以说，在移动互联网时代，移动端是兵家必争之地，也是时代的大势所趋。这主要是因为移动端在通信能力上具有接入方式灵活、高带宽通信、自动调整通信方式、自由选择业务的优势，同时在功能使用上更加人性化、个性化、便捷化、多功能化，如图 1-5 所示。

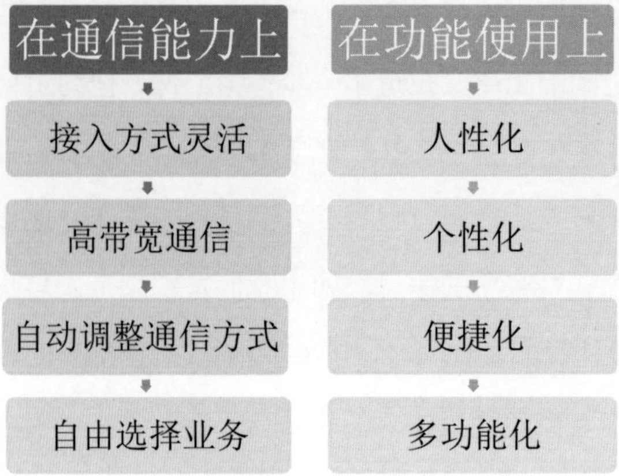

图 1-5　移动终端的优势

由于移动终端具有诸多优势，所以也产生了很多移动应用产品。这些移动应用产品，比如微信、微博等，几乎让任何一个人都可以不受时间和空间的限制进行联结。相关数据显示，截至2016年3月，微信的月活跃用户已经接近7亿，微博的月活跃用户已经达到了2.36亿，微信和微博几乎已经成为全民使用的社交应用。

单从数字来说，如此庞大的用户量足以成为引爆的主战场，这也难怪有人会放言“社交传播不微信，无威信”。

移动互联网开创了一个新纪元，人的社会属性空前爆发，社交传播的效率将无限提高，同时也必将颠覆传统的社会形态和商业逻辑。

1.3 移动社交让每个人均成为营销节点

如果你早晨出门上班的时候忘了带手机，你的心里会是什么滋味？是不是一整天都会感觉缺少了一些什么？这种感觉至少犹如拥有十几年吸烟史的烟民犯了烟瘾。而当你晚上下班回到家，第一件事就是立刻拿起手机，点开微信，然后你的手指或者嘴巴（语音聊天）至少会忙上十几分钟。

又或者，每道菜刚被服务员放稳，不仅是你，而是你们（聚餐的所有人）是不是会纷纷拿出手机，拍照、编辑、发朋友圈？如果这一系列的动作完不成，几乎没有一个人会先拿起筷子品尝一下菜的味道。

当移动互联网覆盖了人们生活与工作的方方面面，其中直接受到移动互联网冲击的便是人际社交习惯——人们对移动社交的需求已经超越了对传统的线下社交的需求。

从最基本的层面来说，我们平时的打电话、发短信等通信业务并不属于移动社交的范围。相对于传统的 PC 端社交，移动社交通过自身独特的优势让网络最大程度地服务于个人的现实生活，如图 1-6 所示。

1. 实现人机交互

即通过计算机输入、输出设备，能够以有效的方式实现人与计算机的信息沟通。

2. 实现实时场景

即可以实时直播人们的生活动态、某些活动场景等，让人产生一种“同在感”。

3. 实现足不出户

这一优势主要体现在人们现在通过网络购物方面，比如人们可以在淘宝、京东等购物网站上面购买到日常所需的一切物品，更为重要的是通过物流可以直接送到家门口。

4. 实现及时沟通

即通过移动社交，人们在联系朋友、客户的时候已经不再需要考虑时间、天气等因素，随时可以联系到对方。

5. 实现创造分享

即人们通过移动社交软件，比如美图秀秀等，可以将照片进行美化、美颜，并随时能够借助移动社交平台如微信、微博等分享给所有的朋友。

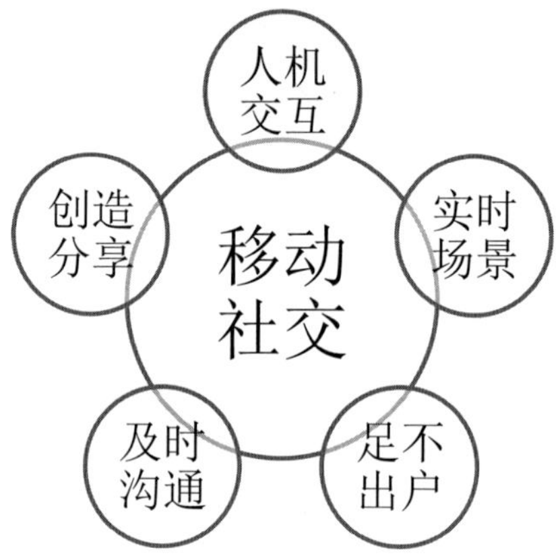

图 1-6　移动社交相比传统 PC 端社交的优势

工业和信息化部 2015 年发布的数据显示，2015 年前 3 个月，我国移动互联网用户总数净增超过 2400 万户，总规模超过 8.99 亿户，同比增长 5.7%。使用手机上网的用户数再创历史新高，达到 8.58 亿户。而据研究咨询机构 IDC 的最新研究报告显示，2016 年全球互联网用户数将达到 32 亿人，约占全球总人口数的 44%。其中，移动互联网用户总数将达到 20 亿户。

庞大用户数的不断增长，一方面是因为移动社交的发展势头正劲，另一方面则是社交网络改变了人们的沟通方式和信息传播渠道。尤其是移动社交作为互联网发展历程中的变革性应用，让每个人都成为了信息传播的节点。

1.3.1 移动社交放大了媒介使用权

伴随人类交互技术的进步和媒介终端的普及，不仅出现了一批新兴的社交媒体，更为重要的是，新兴社交媒体的进入门槛大大降低了，甚至是零门槛，这就导致受众的媒介使用成本直接降低。

比如微信，用户在上网终端设备上安装微信，并通过简单的学习，就可以掌握相应的使用和操作技巧。而且安装和使用微信的过程中，除了要耗费一定的流量之外，用户几乎不会花费任何费用。而一旦你安装了微信，就可以通过微信发布自己想发布的信息；如果这个信息可以引起关注，你便会成为信息传播的中心。

其实，随着移动互联网时代社交环境的变化，除了微信之外，人们可以接触并低成本使用的社交新媒体还有微博、博客、人人网、豆瓣、果壳网、易信等，如图 1–7 所示。而且随着越来越多的社交新媒体的涌现，人们的媒介使用权也会越来越大，可以发布信息的渠道也会越来越丰富。

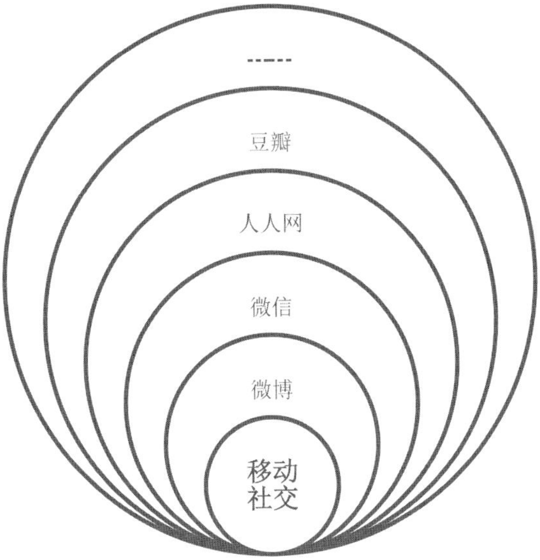

图 1–7 移动社交新媒体

1.3.2 移动社交彻底打破了发布信息的时间、地点束缚

前《凤凰周刊》执行主编、大象公会创始人黄章晋曾说过：“在大事件发生时，

相比以前去到现场的记者少了，因为现在第一时间会有人持续不断地在微社交平台上发布事件的过程，人们也能够获取更及时的原生态信息。”

当人们的媒介使用权得到了真正意义上的下移和扩散的时候，也预示着人们曾经只有在合适的时间和地点才能发布信息的时代已经结束了。因为移动互联网具有随时、随地、即兴的特性，用户在等人、排队、乘车、上洗手间、起床前、睡觉前的这些碎片化时间里可以随时随地获知和发布信息，而且用户发出的信息也能够以最快的速度呈现和获得反应。

移动社交媒介的普及，使得每一个人都有机会成为信息传播的中心。而任何一个聪明的企业管理者或者创业者，既要看到移动社交的发展趋势，也要看到移动社交带来的无限商机。

1.4 兴趣社交引爆创业与营销

试想，如果不是因为兴趣而将用户聚到一起，豆瓣会如此火爆吗？如果不是因为兴趣而将用户聚到一起，百度贴吧会成为众多个人与企业聚集的重地吗？其月活跃数量可以达到3亿吗？其话题数量能够以亿计算吗？

除了豆瓣和百度贴吧，我们还可以看到，知乎同样是因为兴趣而产生话题，从而创造内容，创造价值。

那么，究竟什么是兴趣社交？所谓的"兴趣社交"可以简单理解为，因为共同的兴趣爱好而聚集在一起的人形成的圈子。比如共同喜欢的一个球星，共同喜欢的电视剧、电影、音乐，共同喜欢的旅游地，共同喜欢的一款车，共同喜欢的一本书，甚至是共同喜欢的一张图片等。这一部分人主要以小众人群为主，他们以共同的爱好为领域而区分于大众群体。最为关键的是他们在这个圈子里是有共同语言的，可以实现最大化的自由沟通，如图1-8所示。

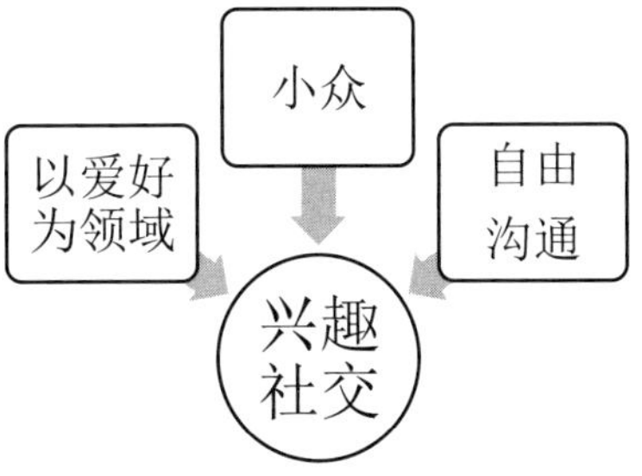

图1-8 兴趣社交的三个特征

兴趣社交这个圈子里的成员虽然不会很多，但他们都是自己兴趣领域里的人。其实，这也是一种种偏于精神层面的需求而组成的圈子，所以其黏性也超乎想象，同时也最有可能成为新时代下的第一生产力。

"最强的互动并不是在好友之间，而是在同类型的人之间。基于共同兴趣的社区的生命力，会远远强于基于关系链的分享社区。"腾讯QQ兴趣部落负责人王剑伟曾如是说，“我们发现 QQ 用户中有 52% 属于 90 后，这个数据让我们感到震惊。当一个社交网络被一代人占有了一半市场份额的时候，这些人的需求就会很重要，所以我们要尝试去了解 90 后到底是什么样的人，他们有怎样的用户诉求。90 后的世界是这样的：虽然在人群中有很多朋友、很多同学，却感到没有人懂自己，没有人值得去交流。90 后身边缺少的不是人，缺少的是他们认可的人，他们愿意跟与自己生活方式相同的人进行沟通。”

所以，无论是从已有的成功案例来看，还是从巨大的潜在需求来看，基于兴趣的垂直社交都将是移动互联网时代的新风尚。

目前来看，虽然那些依照关系强弱而打造的熟人社交和陌生人社交都呈现出了难以超越的趋势，但我们也会发现，大众社交其实已经开始走下坡路了。尽管有些大众社交的功能越来越强化，但其黏性并没有随着功能的强大而强大，反而是越来越不尽如人意。

一个比较有意思的现象是，如果我们微信中的朋友大部分都是亲戚、闺蜜、同事的时候，我们在发朋友圈的时候似乎都会有所顾忌，甚至会由于这些人的存在而选择不发。

那么，可能有人会说，如果与陌生人社交就不会顾虑这些因素了。事实真的是这样吗？

结果是令人遗憾的。一些陌生人社交不仅阻碍了人们的创造性，而且还将很多人带入了误区，比如个别的陌生人社交已经成了玩弄感情的陷阱。

然而，即使是在这种情况下，目前整个移动应用市场上做熟人社交和陌生人社交的产品依然层出不穷，而人们真正需要的其实是按照人群或主题，甚至是按照信息承载方式，比如按照文字、图片、视频等划分的兴趣垂直社交。

如果说这就是人们存在的需求或痛点，那么这也正是创业或营销的机会所在，如图 1-9 所示。

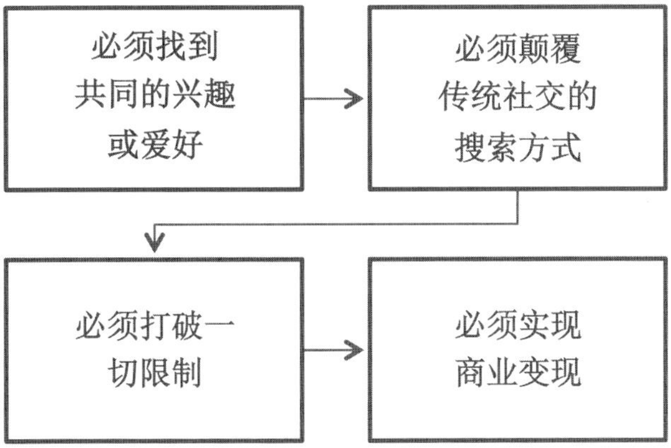

图 1-9　创业者的营销机会

1. 必须找到共同的兴趣或爱好

这个兴趣或爱好可以是一个想法，也可以是一场运动，甚至可以是任何随意的事件及心情，只要能够实现精准的热点推送和同类配对，就能提高黏性，获得大量的客户群体。

2. 必须颠覆传统社交的搜索方式

要将用户搜索的内容生成标签，匹配到相同兴趣的人，而且标签越简单则配对、分组就越方便，随后推送给有共同想法的人，快速搜索同类。这样做的好处就是缩短了用户的时间成本和人力成本，增强了用户的体验感。

3. 必须打破一切限制

最好能够实现不分地区、不分时间、超越经纬度，让所有用户都能和全世界的共鸣人即时聊天交友。

4. 必须实现商业变现

比如可以在用户的数量达到一定程度后，对用户搜索的标签进行分析、整理，可以植入一些营销信息、游戏等，通过引流以及会员制等方式实现盈利。

兴趣社交就是把一群素不相识却有着共同爱好的人变成知己、闺蜜、蓝颜。兴趣社交将开启一个大连接时代，为兴趣而生。同时，正是因为兴趣社交可以留住更多的用户，所以其也将拥有更加广阔的未来。

Part 2

社交红包营销：

有收益才热情分享

2.1 抢红包大战实质是营销大战

自从微博“让红包飞”活动启动以来，支付宝、QQ、微信、陌陌等前赴后继地加入到了发红包的大军中。如今不管是在微信群还是在其他社交平台上，发红包都是一个司空见惯的场面。尤其在微信中，“不发红包不聊天”甚至成了流行。连专注于支付的支付宝也在新发布的9.0版本中加入了“朋友”一栏，鼓励用户聊天发红包。而一些创业者在推广其App、吸引流量的时候，也大多采用发红包的形式。可见，红包实际上已经超越了其刚产生时的范畴，抢红包大战已然成为营销大战。

从本质上看，发红包是一种社交活动，一般见于亲属或朋友之间。以前的接受方往往还会故作推辞一番，但现在很多人都是冲着红包而去的。至于网络上，已经演变成了“抢红包”。于是，作为人类肢体延伸的互联网也成为抢红包的最好场景，更因为社交工具的便捷性而大红大紫。

微信率先利用其社交属性开展了现金红包的推广，全民参与，一片欢腾，成为花小钱办大事的营销典范。随后，打车平台更是进行了持续一年的红包大战。经过一年的酝酿，如今，红包已经成为互联网企业吸引用户、营销推广的普遍手段，微信已经不再独享所有的风头。

发红包是一种社交游戏，如今这风头也只有当年的“偷菜”可以相提并论。就如同全民参与“偷菜”一样，发红包抢红包虽然是微信开始挑头，但如今的红包营销早已经超出了微信的圈子，成了全互联网行业的流行时尚。

2.1.1 五花八门的红包社交玩法

2015年春节全面推进的红包大战，由微博率先发动，平台拓展到了QQ、微信、支付宝钱包及其他各种社交工具，而各种发红包抢红包的玩法更是五花八门。从结果看，微博的红包活动在各大平台中占据了先机。而2016年支付宝发起的“集福”活动，则是刮起全民寻找“敬业福”的风潮，支付宝一时用户大增。

1. 人人能参与的微博红包

微博在过年前启动了“让红包飞”活动，用户只需点击信息流中的红包信息，就能抢红包，比支付宝的“打地鼠”和微信的“摇一摇”操作门槛更低，如图2-1所示。另外，微博红包也不受时间的限制，活动一推出就引起大量网友的关注。相比支付宝和微信只能在固定时间点抢红包，微博的红包更具有延续性，活动上线以来已经有超过1.7亿人次参与，日均参与人次超过1000万，成为红包大战中人气最高的平台。而微博普通用户可以和明星名人联合发红包，普通用户可以通过给明星红包里塞钱来表达对明星的支持，其他用户在抢到红包时，也会显示是该用户和明星联合发出的红包。

图2-1 微博红包的各种玩法

2. 支付宝红包

支付宝中收到红包后可以选择提现，也可以就放在支付宝账户里；如果是购物红包，那只能在购物时当抵用券用。2016年春节时的“集福”红包则直接可以获得现金，进行消费。

3. 微信和 QQ 红包

微信和 QQ 红包更加普遍，随时可以发红包，随时提现；可以是均分红包的形式，也可以是随机的红包金额的形式。与支付宝相似的是，微信平台和 QQ 平台上都有大量的企业参与。

各个移动社交平台上发红包的做法，实质上都是为了增强粉丝互动性，强效引流，这种做法的好处如图 2-2 所示。

1. 激发分享与传播的兴趣

不管是移动社交平台还是媒体平台上的营销，如果能让粉丝们自发传播，在起点即引爆粉丝的热情，那么营销的效果就能得到保障，反之则很困难。

2. 聚集足够多的人群

在移动社交平台上发红包，粉丝们图的不仅仅是微不足道的金钱，更多的是想获得一种参与的快感和与好友互动的体验。红包只是一个连接点，通过红包，粉丝们能够产生有效互动，构建社群强关系等。

3. 增强社群凝聚力

社群是未来营销的重地，红包是聚拢社群、增强社群凝聚力的动力之一。这一点在微信群和 QQ 群中表现最明显。

总之，如今红包的范畴已经超越了当初，不管是企业还是营销者个人，都希望通过红包这一载体来聚集流量，实现起点即引爆的效果。加上社群发展趋势的明显，红包的作用必将越来越重要。

图 2-2　红包引流的社群价值

2.1.2 以普适玩法带动粉丝，强化社交关系

观察用户量最多的微博和微信平台，由于社交关系链的存在，在抢红包的过程中，其往往能够通过强化粉丝间的社交关系，实现引发更多关注的效果。微信和微博玩红包的最终效果竟然实现了全国企业发、全国人民抢的惊人效应。虽然微博和微信的红包玩法略有不同，但其在强化社交关系上是有同样效果的，如图 2-3 所示。

1. 微信红包强化社交关系

微信红包主要还是以朋友之间的红包游戏为主，互动性极强。往往是某位朋友发红包后就引发群体发红包，微信群内红包满天飞。这种方式不但增添了乐趣，更是拉近了朋友间的关系，强化了社交信任。一旦有内容分享，就能即刻引爆。

图 2-3 微信红包与微博红包的价值区别

2. 微博红包制造潮流，引爆传播

微博红包因为与支付宝、企业、明星合作，其发放的红包主要是针对分散的粉丝，社群性质不够强。粉丝在疯狂抢红包的同时，彼此之间的社交关系并没有得到明显强化。但因为微博本身的媒体性质，粉丝的集体行动会制造出潮流，从而影响到媒体平台，引发传播。

总之，发红包已经不仅仅是为了娱乐而娱乐，它已经成为引爆传播的一个诱发因素。当企业利用红包聚拢粉丝、构建社群，再通过社交关系将营销理念和品牌价值传递出去，就能影响到更多的人，培植出更庞大的社交群体。企业的营销也将因此而变得更轻松，“信息在起点即引爆”也将变得更简单。

2.2 如何选择合适的红包玩法

是什么让社会信息的传播从“单向传播”转向了“双向渗透”，从“大众”转向了“小众”？相信很多人已经知道了答案——红包营销。

如果说这是红包营销在推广方面取得的惊人的聚焦效果，那么红包营销在盈利方面是否也可以取得让人震撼的效果呢?

诸多红包营销活动中，我们仅以微信红包营销为例便可见一斑。

微信红包在2015年春节期间如期上线后，几乎在最短的时间内掀起了羊年的红包大战。当微信联合春节联欢晚会推出“摇一摇”红包活动后，这一战争的烽火达到了顶端——从微信红包收发总量来看，仅除夕当天就已经超过了10亿次，微信摇一摇互动总量在整个春期间高达110亿次。

然而，在这些惊人数字的背后，可能很多人并不知道“微信红包”其实不是通过直接的现金收入而盈利，而是通过微信支付使用次数获得一定的收益。换句话说，微信支付的使用频率越高，财付通中存入的资金则越多，微信从中获得的利润越多。

面对这种诱惑，相信很少有人愿意将其拒之门外。但让人不得不感到困惑的是，在多种红包营销玩法中，究竟应该选择哪种玩法才能够实现利益的最大化呢?

近几年，红包营销的玩法五花八门，各有各的诀窍，但相对主流的有微信红包、支付宝红包、微博红包等，而且每一种红包都可以将社交与营销相结合，从而起到推广品牌、提升形象、促进销售的作用，而其成本却远远低于线下活动推广、广告投放等方式。

2.2.1 微信红包的 4 种营销玩法

微信对于大多数人来说已经成为了生活与工作中的“另一半”，甚至已经成为人们移动社交的首选，这一点我们完全可以从微信用户的激增看出来。与此同时，在短短几年时间内，除了微信已经影响到了人们的生活与工作，由微信衍生的红包营销的玩法依托移动互联网平台也开始快速增加。

现在，如果一个人说自己不知道什么是微信红包，很可能会招致“另类眼光”，因为微信红包玩法已经成为一种常识。但对于商家来说，并不是每一种微信红包玩法都具有商业价值，所以下面我们就着重介绍几种特殊的微信红包玩法。

1. 滴滴微信红包，跨界合作

相信很多人对滴滴打车并不陌生，有不少人应该都是通过在微信朋友圈领取滴滴打车券而对滴滴打车有了认知和了解。

然而，滴滴打车券难道是没有成本的吗？如果有，那为什么滴滴打车会这样做，是在烧钱吗？其实，滴滴打车并不是一家“慈善企业”，而是很聪明地将自己变成了一个分发福利的平台。更为重要的是，滴滴打车通过与其他企业合作，甚至是以跨界合作和资源共享的方式来发红包，让用户的雪球越滚越大。

事实上，滴滴打车之所以选择这种微信红包玩法，正是因为看到了其中的三大优势。

首先，这种微信红包玩法减少了用户的操作流程，通常只需要 3 步就可以领取到红包，如图 2-4 所示。在“时间就是金钱”观念更加强烈的时代，这种微信红包玩法无疑是最受欢迎的。

图 2-4　领取滴滴微信红包的流程

其次，滴滴打车的这种微信红包玩法，很好地利用了人们趋利的心理特征，不仅让用户很容易就可以获得红包，而且获得的红包可以在打车过程中直接使用。正是因为这种诱惑，很多人可能仅仅是为了一个价值几元甚至不到 1 元的红包“出卖”了自己的信息，而对于滴滴打车来说，则是花费最低的成本获得了最大化的客户信息。

最后，滴滴打车的这种微信红包玩法很好地调动了客户的参与感，因为滴滴打车红包相对于其他玩法的红包抢一次就完、让客户颇感意犹未尽的弊端，实施了可以多次抢红包的方式，大大提高了红包的用户黏性。

相对于合作企业来说，同样可以利用滴滴红包这一平台优势进行品牌推广，而且可以收到明显的效果。比如房地产行业中的几个大佬级企业——万科、保利等（见图 2-5），通过滴滴红包这一平台都在短时间内获得了数以万计的用户关注度。因为它们可以把自己的品牌信息甚至品牌标识植入到红包页面，客户在抢红包的同时，有意或无意都会看到。

2. 微信群发红包，共同参与

这是一种与营销推广关联最紧密的发红包模式，能够快速缩短线上与线下的距离。但是由于微信红包自身并不支持通过公众号直接发送给用户，所以我们在使用微信群发红包之前，必须把我们的目标用户群体汇集到微信群里，再进行发红包活动。

图 2-5　保利滴滴红包营销的玩法

例如，我们可以依据我们的产品或者服务首先建立一个或者多个微信群，并针对我们的产品和服务选择合适的人群，把他们拉进来。如果我们是房地产行业，就可以把 20 ~ 30 岁的男性拉进我们的微信群，因为这一类人群即将要面临的是结婚，通常会考虑到买房。

在建好微信群之后，一旦有成交，我们便可以在微信群中发一定金额的红包。同时需要注意的是，微信群中也不能全都是目标客户，也可以拉进来一些可以活跃气氛的人群，让目标客户获得不一样的愉悦感、体验感。

这样做的目的是，当客户有了不一样的体验时往往会想把这种体验炫耀一下。如果每个抢到红包的客户都将成果展示到朋友圈（见图 2-6），粗略估计的话，按照人均好友 100 人计算，一个拥有 500 人以上的群将影响到 5 万人。

3. 抢红包兑礼品，筛选客户

这种玩法主要是线上抢红包、线下兑换奖品，将线上线下打通，最终的收获便是提高了用户访问量。这种方式主要针对门店、商超，尤其是房地产等传统实体行业。

可能有人会说，这种方式存在很大的弊端——奖品的领取门槛较高。的确，这是无法否认的，但我们也应该看到，通过这种方式可以有效过滤掉无诚意客户，也就是说，那些只是冲着奖品、抱着占小便宜心态的人将会被踢出局，而留下来的通常都是有意成交的客户。

任何事物都有两面性，有利的同时必然有弊。这种红包方式虽然在一定程度上降低了客户吸引力和客户参与的积极性，但却是聚集目标用户的好方式。

4. 赞助微信群发红包，借鸡生蛋

如果你认为自己建群的难度太大或维护成本过高，也可以选择作为赞助商进入高质量的微信群发红包。在以前，企业要进入群发广告，往往都会被毫不留情地踢出去。但微信红包提供了一个充分的理由：当你以赞助商的身份进入高质量的微信群里发红包后，再群发广告，大家似乎也觉得顺理成章。这就是微信红包的力量。

图 2-6　某房地产企业的抢红包客户的分享

这种方式既可以帮群主活跃群气氛，企业也可以在群里投放广告，精准度极高，成本远远低于投放媒体广告。

微信红包营销的玩法大有遍地开花的趋势，除了以上几种玩法之外，比如还可以通过红包回馈老业主、活跃用户，销售人员也可以用红包做见面礼，等等。通过一个小小的红包，哪怕就是 1 毛钱的红包，这种有创意且新潮的营销方式往往可以快速地拉近人与人之间的感情，同时增加信赖感。

2.2.2 支付宝红包的 3 个大招

2016 年 1 月 13 日，支付宝 9.5 版本上线，红包神器“咻一咻”也首次亮相，瞬间成为众人争相“把玩”的功能。同时，支付宝 9.5 新版也包括了中文口令红包、讨红包、随机红包，可以区分性别的男女红包。

这可谓集合了支付宝最有趣的红包玩法。对于企业来说，这也意味着又多了数把打开市场大门的钥匙。

1.“咻一咻”新玩法

“咻一咻”功能是支付宝开发的一种全新的发红包模式，位于支付宝首页的右上角，如图 2-7 所示。“咻一咻”最大的优势在于可以用来“咻”人和商家，而且不受地域限制。也就是说，即使你不在国内，也有机会收到国内商家的现金红包或返现等惊喜。

图 2-7 “咻一咻”新玩法

从商业价值来说，只要全球的人们打开支付宝“咻一咻”，都可以实现互动，这也就意味着一旦企业加入到“咻一咻”的队伍中，就可以针对全球的支付宝用户进行营销活动。

从用户角度来说，“咻一咻”是一种更贴心的红包玩法，比如支付宝在“咻一咻”上更注重福气的传递，让抢红包、传福气成为祝福团圆的一部分；这种做法很好地规避了盯着手机屏幕抢红包的时候反而少了和朋友、家人互动和情感交流的尴尬。

当用户更乐于使用“咻一咻”的时候，企业通过加入支付宝的这个新功能不仅可以发出红包，还可以“咻”出优惠，从而借助支付宝实现从品牌曝光到交易转化，并将用户沉淀为会员，做持续的数据运营。

综合而言，“咻一咻”不仅让支付宝拥有了更多的用户，而且商家的营销推广信息更容易被植入，于无声无息间对客户产生强大的影响力。

2. 口令红包新模式

支付宝口令红包是2015年蹿红的红包新玩法。用户发出红包时会生成相应的口令，收红包的人在支付宝输入相应口令就能领取红包，如图2-8所示。

口令红包与一般直接派送红包的方式相比，最大的特点就是互动性更强、趣味性更足。因为商家在生成红包时，可以将口令自定义为品牌名称或者与产品或服务相关的文字，在向用户发放红包的同时也能起到品牌传播和营销推广的效应。

图2-8 口令红包

例如，乐视可以将红包口令设置为“生态世界”，这样，用户输入“生态世界”就可领取红包。当然，这也意味着原本纯粹的红包玩法已经成了一种新的品牌营销方式。

3. 男女红包，新亮点

支付宝在红包玩法方面的投入和研发力度真的让人感觉太强大了，由支付宝研发的红包玩法可谓一浪高过一浪，“男女红包”

正是支付宝红包的又一亮点玩法。

单从字面意思来理解，男女红包似乎将红包赋予了性别。但我们也无法否认，当用户在支付宝群里发送群红包的时候，将不同的人群区分开来，即使是按照男女性别来划分，岂不是更有针对性了吗？

微信曾一度封杀支付宝红包，但最终还是没有剿灭支付宝红包，反而让支付宝红包在倒逼的环境下愈挫愈勇。比如在以上几种红包的基础上，支付宝还开发了“讨红包”和“随机红包”玩法，让发红包变得更加轻松、有趣和简单。

2.2.3 微博红包与大咖面对面

在移动社交的大背景下，任何一个企业都不想错过任何一次可以引爆的机会，尤其是互联网企业。所以，在微信、支付宝不断推出各种红包玩法的时候，微博也不甘示弱，同样让红包飞了起来。

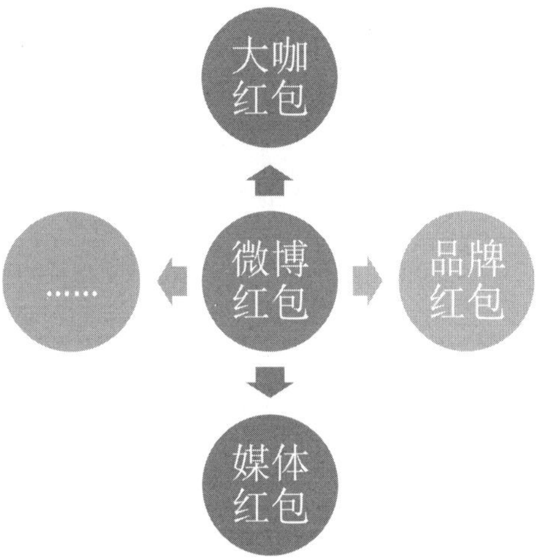

图 2-9 微博红包大厅中的各种红包

“让红包飞”正是微博推出的红包玩法，而且相对于微信、支付宝红包的玩法，“让红包飞”只需用户点击信息流中的红包信息就能抢红包。同时，微博也在手机客户端底部设有一个专门的“红包”按钮，点进去之后就进入了红包大厅，然后就可以进入红包专场，如图 2-9 所示。

这些红包只要随便进入一个，然后点击“抢红包”就可以抢，但最终能不能抢得到则由运气决定。当然，如果该红包已经空空如也，微博也会通过一些方式给予用户一定的提示。

站在商家营销的角度来看，微博红包营销的优势主要体现在：

（1）操作使用简单；

（2）进入门槛较低；

（3）不受时间约束；

（4）可以放大明星效应。

2.2.4 红包营销的 4 大原则

纵观各种红包的不同玩法，可以说是各有千秋。但我们无论选择哪一种红包玩法，都要遵循以下 4 大原则，如图 2-10 所示。

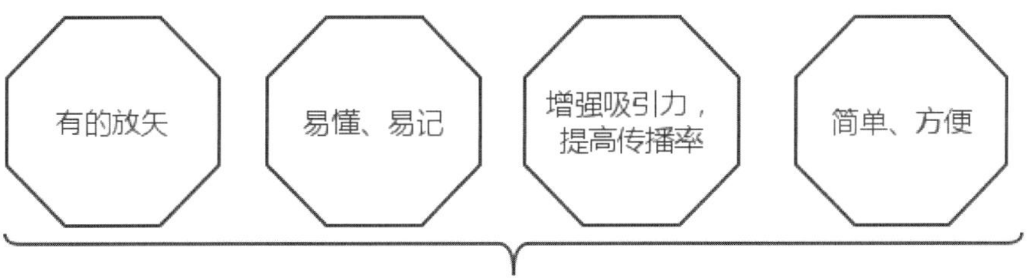

图 2-10 红包营销的 4 大原则

1. 有的放矢

也就是说，如果企业的红包营销是盲目的，那就等于是在烧钱，所以必须先找到企业的目标消费群体，做到精准化红包营销和聚焦化红包营销。

2. 易懂、易记

企业发红包的最终目的是什么？难道就是为了娱乐吗？肯定不是，而是最大化地宣传和推广企业的品牌、产品或服务，所以植入到红包中的品牌信息等必须易懂、易记、易传播。因为我们植入的信息一旦有一丝繁杂，用户就会毫不犹豫地选择无视。

3. 增强吸引力，提高传播率

利益始终是调动人们参与的最核心的因素之一，所以我们必须让红包的金额有足够的吸引力。吸引力越强大，客户参与的程度就会越高，同时他们也会把这种成果分享给一切可以分享的对象，这样一来，其实就是在无形中帮助我们进行了低成本传播。

4. 简单、方便

这主要是要求我们发出红包后，客户抢红包的过程不能过于烦琐。试想，如果一个人为了抢一个红包需要花费半个小时的时间，而且要依次走过 10 个流程才能最终抢到红包，那么他还会有积极性吗？因此，越是简单、方便的抢红包流程，越能产生强大的吸引力。

在我国的新常态下，红包营销可能还会衍生出更多的玩法，而最为关键的是通过社交关系把红包的价值传递出去，影响到更多的人，这才是微博、支付宝和微信红包更受欢迎的原因。

2.3　如何选择合适的红包回报形式

2015 年春节期间，支付宝、微信、QQ、百度纷纷加入红包混战，其中除夕夜黄金时段的春晚更是成为各家手机红包营销大战的战略要地。有数据显示，仅腾讯和阿里两家就送出超过 6 亿元的现金红包，以及以各种产品优惠券等形式出现的 64 亿元购物红包。全民抢红包的盛况也从 2015 年年初延续到 2016 年春节，好不热闹。

那么，我们又应该如何选择合适的红包回报形式以发挥红包的最大价值呢？

图 2-11　微信红包

2.3.1　现金红包

就目前来看，现金红包是最普遍的红包形式。具体而言，主要是微信和 QQ 发出的基于熟人关系的现金红包（见图 2-11），可存在个人账户里，与银行卡绑定之后可以提现。另一个现金红包发放平台就是支付宝，支付宝的红包存在支付宝账户内，可提现，也可直接用于相应范围的交易。

2015 年天猫、淘宝的双十一活动也利用了现金红包这一热点事物，而无门槛的红包噱头也吸引了无数“剁手党”的关注，从10月30日开始直到11月10日晚上24点，抢到多少现金红包就抵多少钱，还能累加使用，这无疑给本来势头就颇高的双十一再添了一把火——912.17亿元的交易额再创双十一活动的历史新高。

而一个月之后的双十二依然延续了现金红包这一方式，收藏商品、加购物车、红包雨以及“抢”其他淘宝用户的红包，给双十二也带来了一个交易小浪潮。可以说，阿里巴巴将红包用到了极致，顾客买得开心，商家红包送得开心，两全其美，而事实上阿里的收益远远大于顾客的收获。

2.3.2 卡券红包

卡券红包是较为普遍的红包形式，同时也是与企业利益直接挂钩的一种红包。

（1）微信的“摇一摇”功能可以摇到附近商户的卡券红包，能促进用户的消费，也能带动周边商户的生意。

（2）2016年春节期间QQ的“刷一刷”活动除了少量现金外，还有QQ礼包，包括QQ气泡、头像挂件、理财红包、卡券包等。

（3）微博的“抢红包”功能中也包含一些和新浪微博进行合作的企业的卡券红包，比如滴滴打车券。

当然，更常见的是我们在网购时所领到的各种“满减”优惠券，即满多少元优惠一定金额，也是促进顾客消费、扩大交易的一种极为有效的手段。因为人们往往都有一种“不能浪费”甚至可以说“占便宜”的心态，所以会为了使用卡券而购买一些自己不需要或者暂时不需要的商品。

2.3.3 联名红包与群组红包

微博自从2015年年初启动红包活动以来，发出了大量包括现金、卡券以及实物在内的红包，其中实物红包颇为吸引人。实物价值有高有低，但对用户来说都像礼物一样备受期待。抢到实物红包的用户只需填好自己的收货地址和联系方式，即可收到礼物，无须任何费用。

2015 年，新浪微博推出粉丝联名红包、群组红包等红包玩法，如图 2-12 所示。2016 年的“全民红包”是微博推出的新玩法，用户只要给全民红包“充值”，就可以在猴年除夕的零点收到网友的祝福和红包。一周之内，有 534 万网友在全民红包中“充值”，全民红包的总金额也超过 857 万元，成为当晚互联网上送出的最大红包。

图 2-12 微博红包

从2015年2月2日微博“让红包飞”活动启动以来，截止到2015年2月9日，已经有1500万用户在微博抢到红包。2016年，微博红包更是借助“春晚”话题的力量，在除夕夜迎来高潮。当天，微博上发出的红包总价值超过10亿元；网友在微博上抢红包的总次数超过8亿次，其中有超过1亿网友抢到红包。

微博红包打破了熟人间的限制。微博上更多的是明星在发红包，而且还可以和粉丝联名发红包，这种红包不像微信那样依赖于熟人的强关系，只要关注了相关明星就可以参与。这对粉丝产生了极大的吸引力，因为这是他们和明星一起发出去的，不仅有荣誉感，无形之中还拉近了与明星的距离。

在微博平台上，还有很多与明星类似的账号，比如大V和企业。他们通过兴趣聚合粉丝，借助微博的快速扩散和名人效应，塞红包的用户可以增加社交资产的积累。

比如，“我”给一位名人充了100元，假设这些红包被50个用户抽到了，不但会有50条微博显示“我”和这位名人一起发了红包，而且根据规则，这50个用户也会成为“我”的粉丝。这种关注是以该名人为纽带的，不至于引起用户的强烈反弹。在电影、文学等垂直领域，这种关系可以帮助用户找到有共同兴趣的人。如果未来企业逐渐参与进来，这种机制的营销价值很快会凸显出来。

2.4 玩好“红包 +”，引爆传播

移动社交时代，红包已经成为新兴的社交游戏，成为用户的热议话题，微信、QQ、微博等都有抢红包的功能。

然而，更重要的是我们还应该思考红包究竟可以以怎样的模式更快速、更准确地参与到人们的生活中。

2.4.1 红包 + 优惠券、代金券

随着发红包、抢红包活动的日渐普及，“红包 + 优惠券、代金券”越来越受到商家的青睐，如图 2-13 所示。首先尝到甜头的是滴滴打车，“打车抢红包”这一营销手段让滴滴迅速成长起来，并快速成为业界的“领头羊”。随后，“红包 + 优惠券、代金券”的营销形式出现在团购、天猫超市、京东商城、唯品会等各个移动社交“市场”。

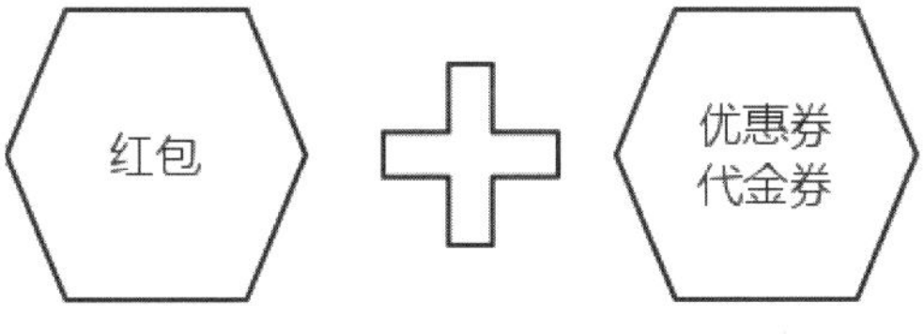

图 2-13 “红包 + 优惠券、代金券”的形式受到商家青睐

现在，移动社交新媒体上领取红包的机会越来越多，而优惠券、代金券等

本身作为红包的表现形式，具有红包的功效，在调动大家的参与热情的同时也扩大了商家的知名度。在红包的功能之外，领取的优惠券又促进了消费者去消费商家的代金券产品，为商家带来商机。“红包 + 优惠券、代金券”不失为商家盈利的好方法。

2.4.2　红包 + 点赞

点赞获取红包的营销形式，大家肯定也不陌生，因为点赞拿红包，真正做到了从用户的角度出发，简单方便。对于用户来说，只需分享之后就可以参与活动，集够一定数量的赞还可以免费领取礼品，因此，广大用户参与起来也是乐此不疲。

对于商家来说，用户分享之后，营销的商品可以引起消费者的注意，又扩大了商家和商品的知名度，扩大了商品的潜在市场；虽然要赠送一些红包，但却是一本万利的效果。“红包 + 点赞”的营销模式，可以有效地实现商家的预期效果。

2.4.3　红包 +LBS 签到

签到可获得红包的活动，在移动社交飞速发展的今天，也是遍地开花。比如楚楚街开展了连续签到 7 天即可获得 3 元现金红包的活动，连续签到一个月即可免费领取当期的“宝物”，一时引发了用户到楚楚街签到的热潮。

不只是楚楚街，很多互联网商店都推出了“签到赢红包”活动。例如，淘宝的签到送金币活动，金币在消费时可以抵现金，成了红包的衍生品。

移动社交媒体上的签到送红包热潮，对于用户来说是奔着红包去的，对于商家来说，每天的签到大潮增加了商品的浏览量，扩大了商品的潜在消费群。

可以说，红包 +LBS 签到已经成为互联网商品营销的有效手段。

2.4.4 红包 +@ 好友

商家为达到营销的目的，推出的抢红包活动越来越花样百出；不仅可以自己抢红包，还可以分享给好友帮你抢，而且好友帮助抢到的红包能够累积到账户后提出。

比如，在 2016 年 3 月 8 日期间，楚楚街推出“帮女神抢红包”活动，50 元红包任你抢；用户点击领取 2 元红包，分享给好友之后，好友可以帮你领取，每增加一位好友帮你，你就可以在原来的红包金额上继续累加。

楚楚街的帮女神抢红包活动，采用的正是“红包 +@ 好友”的形式，调动了用户和好友一起参与的积极性和热情。在大家抢到的红包数额上升的同时，楚楚街的知名度也就扩大了。“好友的好友”这个潜力巨大的消费市场，被楚楚街利用“红包 +@ 好友”的形式彻底调动了起来。

2.4.5 如何玩好“红包 +”

毋庸置疑，这是一个可以让红包花样百出的移动社交时代，但最为关键的是：商家应该如何玩好“红包 +”呢？

1. 看准时机

商家的红包营销活动，要选好推出的时机。对于比较注重传统节日的中国人来说，春节、元宵节、中秋节等有历史文化内涵的传统节日，会有比较强的消费心理，商家抓准契机，玩好“红包 +”，会有事半功倍的效果。

比如 2016 年春晚时华为在“咻一咻”上派发的红包。华为在中华儿女比较重视的象征着团圆、美好的节日——春节里，采用支付宝“咻一咻”的红包形式为大家送祝福，扩大了华为品牌的知名度。可以说，华为找准营销时间发红包，为其此次活动的成功添色不少。

2. 利用明星效应

名人效应同样可以应用在商家利用红包营销的活动中。明星红包是充分利用粉丝追星心理和广大用户的“抢红包心理”，可以说是实现明星、粉丝、商家“三赢”的好方法。

以微博上的明星红包为例，大家抢完明星的红包之后，可以继续往里面塞钱，大家再不断地抢。这样的玩法，不仅拉近了明星与粉丝的距离，还为商家增加了粉丝关注量，比如“吴亦凡与美宝莲一起喊你抢红包”等。商家如此高明的营销，怎会不引爆传播？

当然，商家想要玩好“红包 +”，引爆传播，为其商品营销预热消费市场；想要在移动互联网飞速发展的今天和瞬息万变的红包市场里脱颖而出，不仅需要红包，还需要创意和机遇。

Part 3

社交引爆营销：

低成本引爆，高效率传播

3.1 越简单，越容易营销

社交网络为每一款产品提供了一种强大的红利，即每款产品无论是否拥有资源、经验和资金，都可以拥有快速引爆的能力，迅速跳过前期积累的阶段，红遍整个社交网络。

在移动互联网时代，引爆定律结束了商场中我们曾经耳熟能详的“二八法则”。遵循引爆定律可以促使一款产品或服务在数天至数周内实现巨大成功，在细分领域中占据至少 90% 的市场份额，没有对手能够与之抗衡。

这是如今商界只可意会不可言传的秘密，也是成功者从来不会告知天下的一条隐形法则。所以，我们可能无法精准地预测下一个“爆款”究竟会花落谁家，但我们能够得出这样一个引爆法则：越简单，越容易营销——越是复杂的事情越是可以用简单的方法去化解，往往会得到意想不到的效果。

3.1.1 持续化繁为简

同样的一款产品，不同的功能会给用户带来不一样的感受。于是，为了追求“高大上”的效果，各种繁杂的产品功能应运而生，不过事实证明，“功能越多越繁杂”并不等于“体验越好越深入”，相反，它的最大贡献是在商家与用户之间构建了一道无法逾越的屏障。

换一个角度思考，如果想要快速引爆移动互联网，要达到“起点即引爆”的效果，首要任务是化繁为简提高用户的理解效率。也就是说，让用户在使用一款产品、参与一个活动过程中能够最大程度地感受到流畅、简单、快捷。

化繁为简，打造产品的易操作性通常是决定用户是否会下载一个应用、参与一个活动、使用一项服务的要素之一。

“魔漫相机”创始人黄光明在分享“魔漫相机”的做法时曾说：“一切从简，易于上手。”当然，他是这样说也是这样做的，结果是“魔漫相机”成功登上了“爆款”的宝座。

在“魔漫手机”为用户打造的世界里，没有烦恼和阴暗只有快乐和阳光。比如，使用魔漫相机每拍一次都会让用户拍出意想不到的惊喜：捧腹的幽默，超萌的甜美，淡淡的清新，甚至和明星同框……

使用“魔漫相机”为用户拍出的作品不会再让人联想到“PS”“翻版”，而是赋予了每一个用户创作的价值和艺术的体验。

面对这款国内甚至在全球都是“前无古人”的将真人拍成幽默漫画的手机应用，或许很多人会认为它的操作程序一定很烦琐。

事实却是，无论用户使用“魔漫相机”拍漫画（见图 3-1），还是通过“魔漫相机”做表情，都只需要经过 6 个步骤即可实现，如图 3-2 所示。

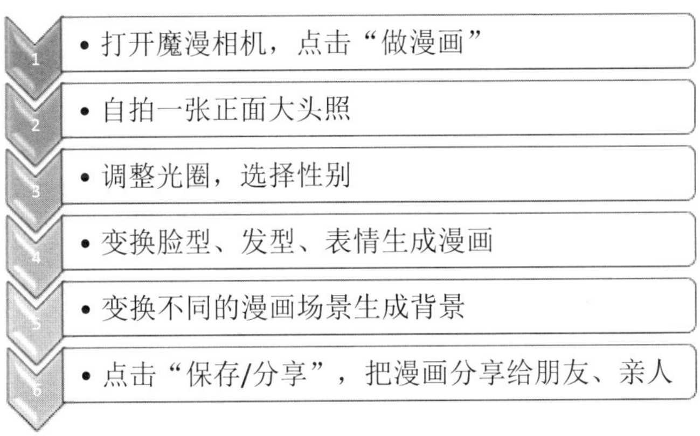

图 3-1　“魔漫相机”拍漫画流程

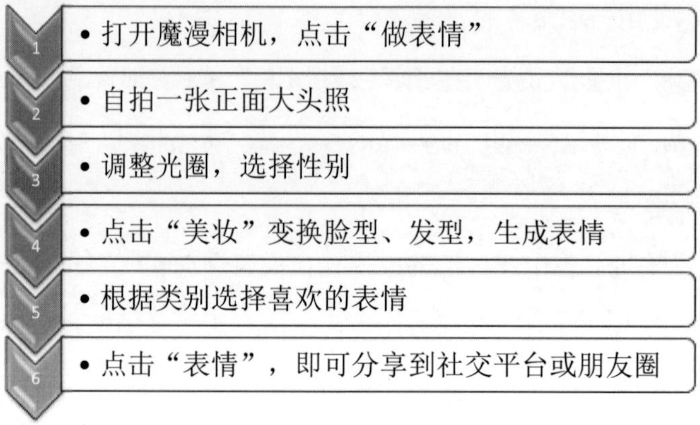

图 3-2 “魔漫相机”做表情流程

如果说在 PC 时代，用户花费在互联网上的时间可以以小时计算，那么在移动互联网时代，人们打开和关闭一款应用的时间只能以分钟甚至秒来计算。在这种时间差距的背景下，越是能够让用户快速上手的产品，越容易在产品同质化严重的环境中找到自己的蓝海，被快速引爆。

“魔漫相机”依照这个原则将使用过程设计得简单易操作，通过“简单一拍”的独特属性抓住了产品与用户的每一个接触点，即使在缺少强大资源的支持下，自 2013 年 7 月上线以来，它创下了全球移动互联网领域的多项纪录，如单日新增用户 325 万，4 日新增用户破千万，7 个月用户数破亿，单日头像上传 2 亿张、160 多个国家和地区 App Store 总排名第一等。

阻碍用户快速获得愉悦感，在这个时代已经不合时宜。那么，如何才能做到化繁为简呢？如图 3-3 所示。

1. 做减法而不是做加法

做减法要求从产品设计到使用功能都追求简洁易用的特性，仅保留最核心的系统功能，舍弃看似高大上却没有任何实际效用的系统模块，简化系统结构。

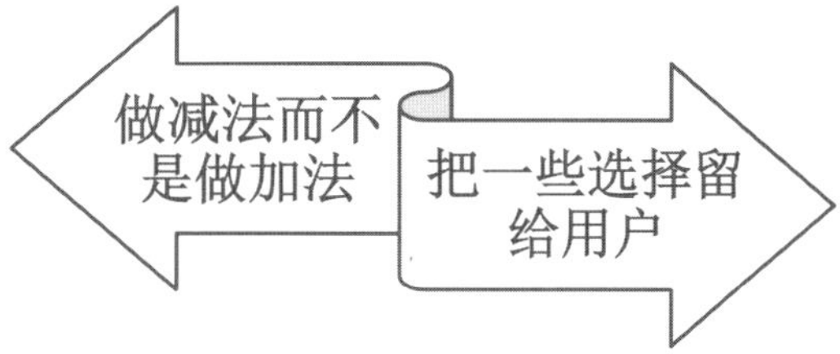

图 3-3　持续化繁为简

2. 把一些选择留给用户

给用户留下一些选择余地和权利的实质就是让产品变得更加简单，比如现在很多产品在流通到用户手中的时候，已经预装了很多第三方软件，但这些第三方软件不一定是用户喜欢的，有时也不是用户会使用的，所以徒增了产品的累赘感。而把预装第三方软件的权利留给用户，产品本身的复杂性会降低，同时用户也会自由选择自己喜欢的第三方软件。

3.1.2　放大懒人效应

“爆款”要追求无引导，也就是用户根本不需要参考操作说明书就能够体验或者使用我们的产品。但这只是成就“爆款”的第一个层次，也就是我们上面所说到的化繁为简。如果我们想要持续引爆效果，需要放大懒人效应，也可以看作是化繁为简的升级版。换句话说，“爆款”不但要功能全面但操作简单，细化分明能够轻松上手使用，与此同时要使用户的生活工作变得更加便捷，头脑更加发达但四肢却要不但退化，这就是懒人效应。

如果按照这个标准，放眼整个商界，Google Glass 的诞生可谓让用户四肢退化的代表，比如 Google Glass 不但简化了手机中复杂的拨号流程、信息编辑过程，而且简化了拍照录像功能、定位导航等。这样做的一个显著效果是彻底解放了用户的四肢，用户只需点头说话即可完成操作。

移动互联网时代，越是方便用户使用，越容易达成交易。只有将繁杂的应用以简单的操作实现，才是最符合市场需求的产品。因为不管是生活还是工作，不管是老人还是小孩，不管是男人还是女人，始终喜欢“鱼（功能全面）与熊掌（操作简单）兼得”。

被称为“艺术天才”的美籍黎巴嫩阿拉伯作家纪·哈·纪伯伦曾为我们留下这样一句话：“不要因为走的太远，而忘了为什么出发。”在移动互联网新时代，为用户提供最好的选择，不正是我们的“最初目标”吗？

3.2 零成本引爆，低成本营销

网易、京东的投资人，曾被美国《商业周刊》杂志评为“亚洲 25 位最具影响力的人”——即荣获“亚洲之星”奖，也曾被《投资与合作》杂志评选为中国最具影响力的十大风险投资家之一的徐新，在 2015 年的某次交谈会上提出过这样一个观点，让人们对移动互联网的影响似乎有了更加深刻的认知：“不知道大家有没有感受到移动互联网的震撼，刚刚听了很多很压抑的宏观的消息，但是我感受不到了。比如说移动互联网，我们觉得台风来了，连猪都在飞。”

对于企业、创业者乃至社交平台来说，移动互联网是一个巨大的台风口，如果看不到、看不起、抓不住、来不及，所引发的负面作用，将直接面临用户活跃程度下降乃至消失，这时快速衰退的将是企业和产品本身。

那么，台风来了之后，我们如何抓住其中的机会？在移动互联网发展中，一条隐藏的主线正是创业者试图通过“互联网 +”获得用户更长久的黏着和留存。其中，不乏短时间迅速走红的“爆款”产品，不仅重新启动了用户渴求新应用的诉求，反过来也推动时代发展的脚步不断向前。

可见，“爆款”产品在将自己打造成为一个热点事件的同时，也在不断引发下一波台风。每当“爆款”产品的开发者或者创业团队集用户收益、热点事件以及产品的娱乐属性于一身的时候，往往能够在社交网络中呈现出让人预想不到的引爆指数——引爆可以零成本，营销可以低成本。

3.2.1 如何以零成本获得更多的新用户

当一项活动的名单中既有比尔·盖茨、扎克伯格、梅西、小贝、科比、C 罗、内马尔、里卡多，也出现了李彦宏、雷军，甚至出现了刘德华、王力宏、陈奕迅等人的时候，难道说这项活动不能称之为“爆款”吗？

当一项活动从国外玩到国内，从体育界玩到科技界，从科技界玩到艺能界，而且大有向学术界蔓延之时，你敢说它不是“爆款”吗？

这项活动其实正是很多人已经听说过或者已经尝试过的“冰桶挑战”，全称为“ALS 冰桶挑战赛”（ALS Ice Bucket Challenge），旨在让更多人知道被称为“肌肉萎缩性侧索硬化症”的罕见疾病，同时也达到募款帮助患者治疗的目的。所以，该活动有一项规定：被邀请者要么在 24 小时内接受挑战，要么就选择向 ALS 公益协会捐出 100 美元。

如果说“冰桶挑战”最让人惊讶的结果是，在极短的时间之内，使得四面八方英豪尽成落汤鸡，仅在美国就有 170 万人参与挑战，250 万人捐款，总金额达 1.15 亿美元，那么“冰桶挑战”最让人震撼的是，它居然是完全零成本在全世界的科技界大佬、职业运动员中风靡，如图 3-4 所示。

问题是，“冰桶挑战”究竟是如何做到零成本的？我们从中又能学到哪些引爆产品的方法、经验和技巧？

1. 快速分享

“冰桶挑战”其实还有一项活动要求，即参与者在网络上发布自己被冰水浇遍全身的视频内容，然后该参与者便可以要求其他三个朋友来参与这一活动。

要知道，在移动互联网上，产品所蕴含的分享力越大，越可能推动信息在用户的关系链中快速流传。在“冰桶挑战”活动中，每一个活动参与者都在无形中扮演了重要角色，他们的每次视频网络发布都是在传播信息、转化用户。因此，新用户的获得对“冰桶挑战”而言几乎是零成本的。

图 3-4　比尔·盖茨率先应战“冰桶挑战”

2. 格调要高

“冰桶挑战”之所以能够完全零费用地快速吸引眼球，最快速有效的策略就是各行各业高端大气上档次的人物参与到了其中，比如我们在开头提到的比尔·盖茨、扎克伯格、梅西、小贝、科比、C 罗、内马尔、雷军、刘德华、李彦宏、王力宏、陈奕迅等人，迅速提高了“冰桶挑战”的格调。

其实，这种做法与我们所熟知的名人效应具有异曲同工之妙，利用名人的出现引人注意、强化事物、扩大影响，从而带动人群，最终可以获得如同疯狂的追星族那么强大的效果。

3.2.2 低成本营销的策略

传统的营销推广模式是什么？如图 3-5 所示。

图 3-5 传统营销模式

在这种模式下会出现什么样的结果？营销人员往往是被动去推广产品，甚至有些营销人员在这种模式下自己都不信任自己的产品，大多是为了营销而营销，那么最终的效果也可想而知。

而“爆款”通常是从产品的设计、开发层面就开始考虑用户的增长，通过不间断的云计算、大数据分析等方式，不断创新产品，提升用户转化率，寻找更多新的用户群体。引爆产品的过程不仅仅是获取用户，更重要的是不断在用户之间传播产品的属性、卖点，从而实现低成本营销。

1. 做到极致

移动互联网改变了人们的社交方式，社交网络则改变了人们获取信息的方式。人们获取的信息很大程度上来自好友或关注者通过引动终端的“分享”，比如微信朋友圈等。

然而，值得注意的是，只有好的事物才会被分享，而且越极致被分享的广度越广、深度越深、维度越大，营销成本也会越低。在这一点上做得最好的当属“三只松鼠”。

不同的是，“三只松鼠”不只是在产品上做到了极致，而且在后续的产品服务细节上做到了让消费者惊喜得尖叫。相信“三只松鼠”的消费者在打开包装的第一时间都会收到一份意外的惊喜，因为“三只松鼠”为每一个消费者都准备了小夹子、湿纸巾等便利的小工具。

可以说，“三只松鼠”做到了专注，做到了让消费者喜欢，而喜欢就会分享，分享就等于传播，传播就是营销。当“三只松鼠”的每一个消费者都成为了产品营销者的时候，它的营销成本是降还是增呢？答案不言而喻。

当这些分享信息频繁扩散的时候，就会起到润物细无声的效果。在这个阶段中，企业无形间已经构建起了一套分享体系，它不仅是产品引爆的基础，更是降低营销成本的捷径。

2. 小投入大产出

事实上，我们从引爆产品的路径上也可以找到降低营销成本的方法。引爆产品往往考虑最多的是同样的投入，哪种方式回报更高。也就是花 100 元钱能收到花 300 元钱的效果，还能挣到 100 元钱。

比如，北京微讯联盟网络科技有限公司打造了一款微房产垂直应用，只要一部手机就可以实现在线预约看房、浏览楼盘图片及户型介绍等，代替了走街串巷发传单的销售人员，取代了天天追着客户进行电话营销的人员……一部手机相当于 10 个营销人员，这款应用想不火都难，同时它也更好地解决了房产行业营销费用居高不下的难题。

零成本引爆的背后就是低成本营销。只要你的产品能够被引爆，就不愁营销成本不下降。

3.3 时间越短，越容易引爆

移动应用领域正在从蓝海走向红海。然而，其中总有些企业或者个人试图奋力停留在蓝海领域，而且这种行为颇有愈演愈烈之势。

2013 年至 2015 年，随着移动互联网的普及，各类“现象级应用”开始不断涌现，比如唱吧、魔漫相机、百度魔图、你画我猜、疯狂猜图、脸萌、围住神经猫、无秘、足记、小偶等应用，基于微博、微信等社交网络无不迅速爆红。

2016 年伊始，微信红包照片功能仅仅是在上线测试阶段，已经瞬间引爆朋友圈，使得无数人纷纷参与其中，更有不少测试用户脑洞大开，抛出各种颇具亮点的“内涵图”，不乏全家福、童年照、身份证照、个人“艳照”等，将这股浪潮推向一个新高度。

留意观察这些应用，细心的人不难发现，几乎是在一夜之间，最多不过一天之内，仿佛所有人都成为了它们的“追星族”。如果我们继续细究，更不难发现，这些应用一夜爆红的背后隐藏着很多共同特点，比如新颖有趣、操作简单、能够凸显用户个性，可以在社交网络中分享，尤其是因为时间成本低，从而带动更多的用户参与。

虽然时间对于每个人都是平等的，给予每个人每一天都是 24 小时，1440 分钟，但它同样也是每个人最大的资本和财富。无论你是男是女，是老是幼，也无论你从事什么工作，处于什么地位，拥有什么权利，时间都不会因此而改变。相反，如果你需要一天的时间去处理一件事，而别人只需要半天的时间，悬殊的不仅是你们的工作效率，生活和事业同时会产生很大的差距，前者可能会因为对时间的浪费越来越平庸，后者则可能因为对时间的珍惜越来越卓越。

换一个角度思考，如果我们的产品或者服务需要用户花费一个小时的时间，而竞争对手的产品或者服务只需要花费用户半个小时的时间，谁的产品或者服务更容易获得用户的青睐？谁的产品或者服务更容易被引爆？答案不言自明。

这也就证明时间其实也是可以管理的，同样需要规划，看你怎样去利用，怎样去安排、计划，所以我们想要引爆任何一款产品都要充分考虑用户的时间成本。

即使我们不得不承认信息获取、社交、娱乐游戏、购买与支付是互联网上的四大服务，但我们也无法否认，无论是产品形态还是用户体验也必将随着时间成本而发生变化。

如果我们将疯狂猜图的引爆指数、围住神经猫的惊人下载数（见图 3-6）、魔漫相机的火爆速度、脸萌的神奇纪录等相关数据整合到一起来分析，它们似乎都揭示了一条最为直接的、在社交网络或利用社交网络引爆的隐形规则——时间越短，越容易引爆。

图 3-6　围住神经猫游戏引爆

3.3.1 让用户的理解时间更短

理解时间成本是指用户使用某种产品之前思考和了解该产品的功能、特征、用途等所付出的时间。在用户总价值与其他成本一定的情况下，理解时间成本越低，用户购买的总成本越小，从而“用户让渡价值”越大。在产品质量和服务质量相同的情况下，用户理解该产品或服务的时间越长，所花费的时间成本越大，购买的总成本就会越大。同时，理解需要的时间越长，越容易引起用户对该产品或服务的不满意感、不信任感，从而放弃购买的可能性也会增大。

时间计入成本听起来很新鲜，通常只有把产品或服务的价值、质量、功能等计入消费成本，很少有用户对时间斤斤计较，但这显然是 30 年前的消费观念。

在移动互联网时代，“时间就是效益”的消费理念已经不得不引起企业的重视。时间作为一种资源，无比珍贵，而浪费用户的时间资源就是提升用户的成本。也就是说，引爆一款产品所需要的竞争已经不能单纯地集中在产品的品质、价格和服务水平的高低上，因为这只是一款产品或者企业生存的基本条件，而不是能否引爆的关键。移动互联网时代的竞争优势将来自于宝贵的“时间”。

谁能让用户花费更少的时间、投入更低的成本，包括使用服务时的点击动作、理解服务所需的脑力等，谁就能快速引爆。所以，要达到“起点即引爆”的效果，无论是企业还是开发者，首要任务是降低用户的理解时间，也就是降低用户在参与一个应用、活动、服务时所花费的时间与步骤。

3.3.2 让用户的等待时间更短

一旦时间成为社交网络中最大的成本和支付货币，也就预示着时间将成为用户衡量一款应用产品是否值得购买和打开，甚至是否值得关注和分享的标尺。

在人们对任何事物的认知和选择都处于“短促”而“频繁”的环境下，等待时间的长短则决定了引爆的成功概率。问题是，究竟如何才能压缩用户的等待时间呢？

2015 年 6 月的一天夜里，脸萌犹如一颗原子弹一样一夜之间爆了出来。脸萌正是因为成功压缩了用户的等待时间不仅刷爆了 QQ、QQ 空间等社交软件的屏，而诸如微信朋友圈、微博、人人网等社交软件也无一幸免地被刷爆了屏。

然而，一直到几个月后，脸萌创始人郭列才道出了如何成功压缩用户等待时间走上“爆款”舞台的秘密：

“我们为解决内存耗用过大等问题，重金挖来 SVG 专业人士（备注：SVG 即可缩放矢量图形，是基于可扩展标记语言，用于描述二维矢量图形的一种图形格式，有很多优点，比如 SVG 与 JPEG 和 GIF 图像比起来，尺寸更小，且可压缩性更强等）从事开发，降低用户等待时间和使用成本，提高产品体验。

“我们产品升级时不做任何弹窗，防止打断和骚扰用户，影响使用……”

事实上，郭列的言语中所隐藏的降低等待时间的有效方法正是，在我们的产品或者服务与用户的连接过程中，一定不要设置任何障碍，可以采取类似于直销的方式，想尽一切办法减少中间环节。

如果在这里要为时间成本再下一个定义的话，时间成本指的是用户在某一服务、信息或应用上等待时间的长短。一个无法让用户快速直接体验，而是需要多次步骤、反复操作的产品不仅会被这个时代淘汰，也注定会被用户抛弃。因为阻碍用户用最少的时间获得参与感、愉悦感的产品，已经不能视之为这个时代的产物。

3.3.3 让用户学习使用的时间更短

“爆款”产品相对于“非爆款”产品而言，最大的特征不外乎玩法都更为简单，耗时较短，属于轻量级产品系列。

从这些“爆款”特征来看，如果我们的产品能够与用户在社交网络上的行为有着更为密切的关系，说得更通俗点就是，如果我们的产品能够在最短的时间内让用户学会如何使用，即把“用时短”的特征发挥到极致，就能够让用户快速收获愉悦的体验感，如图 3-7 所示。

用户购买或者体验一种商品，往往首先必须学会使用。例如，购买一辆汽车，可能懂得基本的驾驶，但很多功能必须经过研读厚厚的说明书才能正常、正确使用。在这一过程中，用户不得不付出的学习时间、精力等称之为使用成本。

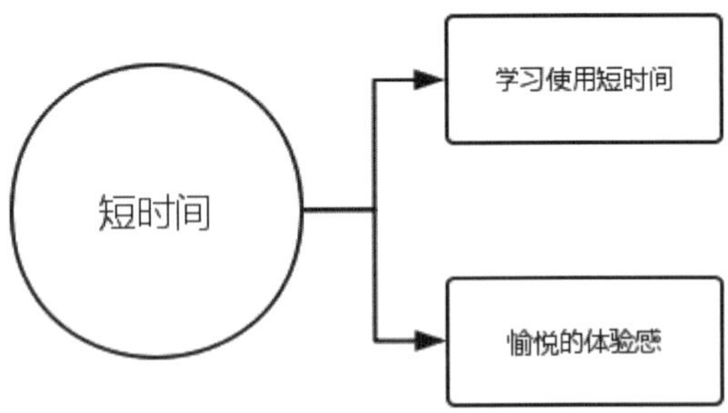

图 3-7 用户学习时间越短，越容易引爆

那么，如何降低用户的使用成本呢？我们可以画一张描述产品快速正确使用的流程图：将产品从打开到关闭的每个步骤按照顺序排列出来，而后计算出每一个步骤所要消耗的时间成本。这时我们会发现，整个流程图中很多步骤是浪费时间的，甚至是多余的。如果我们可以在产品流通到用户手中之前及时优化这些环节，提高速度，甚至裁减掉不必要的环节，就可以为用户节省出更多的时间。

我们不得不承认，移动互联网时代已经将快节奏引入到了人们生活与工作的方方面面，每一个用户都已经将时间成本看作消费过程中很重要的价值参考因素，任何一款产品只有最大化降低用户的时间成本，才能成功引爆。

3.4 移动社交平台上的轻应用营销

你有没有设想过这样一种场景：

我们走在上班的路上，在穿过一条商业街的时候，对面墙体上巨大的液晶屏幕中出现了一幅美丽的山水画。这时候，你迫切想知道这是哪里，于是从口袋里拿出手机，访问地理查询的 Lapp（轻应用），对着影视画面拍照，这个 Lapp 自动与 cloud 端地理库作比较，将检索的地理信息发给你。是不是很酷、很炫、很有面儿？！

的确，这就是移动社交平台上的轻应用所带来的高大上体验。轻应用即 Lapp，是英文 Light App 的缩写，是由百度公司在 2013 年提出的一种移动社交应用新概念。而 Lapp 的具体定义，其实我们可以理解为是一种更容易接入互联网云端的一种应用技术。

3.4.1 轻应用 5 大优势

中国移动互联网行业一直以 App 为武器厮杀得难解难分，谁的 App 用户保有量大、起步时间早，谁则可以率先获得机遇，打造自己的竞争优势。但一个戏剧性的变化是，由于传统 App 存在依赖流量、需下载客户端、占用系统内存等诸多弊端，当轻应用兴起的时候，传统 App 已经不再适应应用趋势的发展。

诚如优视总裁何小鹏对轻应用概念的解读：“很多朋友告诉我，他们都知道招商银行在微信上有个公众账号能缴信用卡账单，但对推出更久的招商银行 App 却没什么印象。

“这个例子能说明，现在新进入移动互联网的创业者或传统企业，也许更应该考虑的是怎么合理利用超级 App，生成轻应用来导入和激活用户，而不是从零开始建设‘基础设施’。”

何小鹏对轻应用的肯定不无道理，我们也能从如表 3-1 所示的轻应用的 5 大优势中看到其营销价值。

表 3-1　轻应用的 5 大优势

1.	轻应用使用户与内容本身真正实现了零距离，更方便地满足了用户大量的长尾需求
2.	轻应用是一款不需要开发者付出高昂成本拉动用户下载的应用，用户一旦有需求，只要通过轻应用搜索相关内容即可直接调起
3.	轻应用实现了自动化，即开发者在后台的任何更新都会在不骚扰用户的情况下自动呈现
4.	轻应用实现了超链接，也就是说，轻应用里面的信息都是可以被索引的内容，用户一旦输入相关需求，将会被导向所有与需求相关的应用
5.	轻应用实现了精准服务，因为轻应用不仅具有能够帮应用调起语音、摄像头的功能，而且拥有调起定位、存储等手机本地或云端的多种能力，甚至支持用户主动订阅。所以，只要用户有订阅需求并添加应用，相关开发者就能够对用户进行持续、精准的信息和服务推送。这种特征导致的最终结果是，沉淀用户、增强黏性、建立稳固牢靠的关系

事实上，轻应用也可以被称为“超级 App”。它是一个以受众广泛或基础应用性较高的 App 应用作为核心载体，集各种 App 应用于一身，把自己打造成为一个集产品使用性和品牌美誉度于一体的超级 App。

3.4.2　得轻应用者得天下

其实，大部分中小互联网服务商心照不宣的一个秘密是，移动互联网是必争之地，但依靠本地 App 显然已不是明智之举，甚至已经演变成为自讨苦吃。在这样的背景下，轻应用无疑被赋予了重任，最重要的是，它本身也具有这样的能力，可以担负起这样的责任。

从开发者角度来说，在轻应用的领域内，哪怕是一支笔、一本杂志、一部微电影，甚至是更小的内容个体都能成为一个轻应用。换句话说，借助超级

App，轻应用不但可以有效降低推广成本，而且对于研发费用也能够有效控制。

从用户角度来说，用户真正关注的是什么？是内容而不是应用本身。而轻应用广泛索引的功能特征，总能让用户找到自己喜欢的内容。

可以说，相比本地 App 而言，轻应用是众多开支有限的中小 PC 互联网服务商最适合的拥抱移动互联网的载体。

然而，在具体的实施路径上，只有一改产品以往整个链条的串联体系为并联结构，才能真正成为爆款。

比如，某个航空公司需要做一款移动应用，供用户查询信息、订机票。如果按照本地 App 的思路，必须经过设计研发、营销推广、用户安装、提升活跃度等节奏进行，整个链条上的每个节点必须串联起来，而且每个节点之间的关系都是严格对应不可分割的，也就是说，后一个节点必须在前一个节点成功后才能实施，如图 3-8 所示。

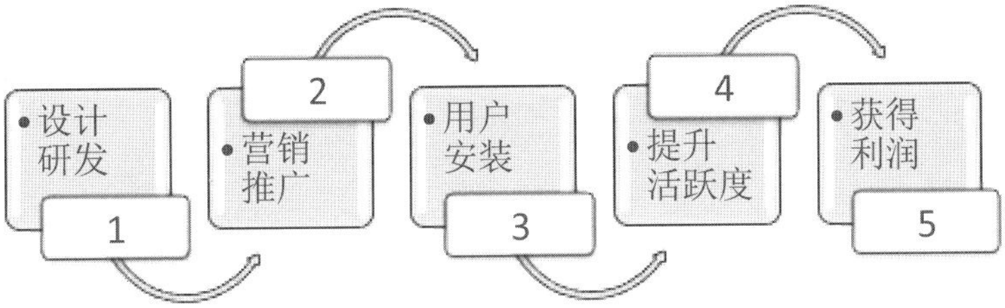

图 3-8　本地 App 思路

轻应用则需要将整个链条的每个节点变为并联的关系，即获取用户、获得利润、提升活跃度可以同时进行，不需要先获取用户，再提升活跃度，最后才能盈利，而是在用户产生需求的同时，也就意味着获得了利润。

轻应用正在改变人们的社交方式，也正在引领一种新的营销趋势，顺势者昌，逆势者亡。

3.5 “热点 + 痛点”引爆营销

一款产品能否引爆，不是说产品本身卖了多少钱，而是由产品是否能够戳中当下社会生活的热点和痛点所决定。任何一个“爆款”都必然能够击中用户的某个或几个热点与痛点。如果用户对产品本身没有刚性需求，那就说明这款产品既不会吸引用户，也不会获得用户的信任，更不会让用户追随，何谈引爆。

3.5.1 以热点让信息膨胀的策略

利用热点事件借力打力，往往能够产生“滚雪球效应”，可以更低成本更广层面的营销推广，并获得更多用户的认知。

其实，这也是一种“借势营销”，借助社会热点新闻、热点事件的影响力、传播力、穿透力，将企业或产品融于其中，把热点新闻、热点事件作为一种传播载体，从而打造一个优质的外部营销环境。尤其是在移动互联网时代，一旦企业所要传达的信息借助热点在互联网上被热炒，由于移动互联网具有让世界变得更平的特质，企业或者产品通常能够

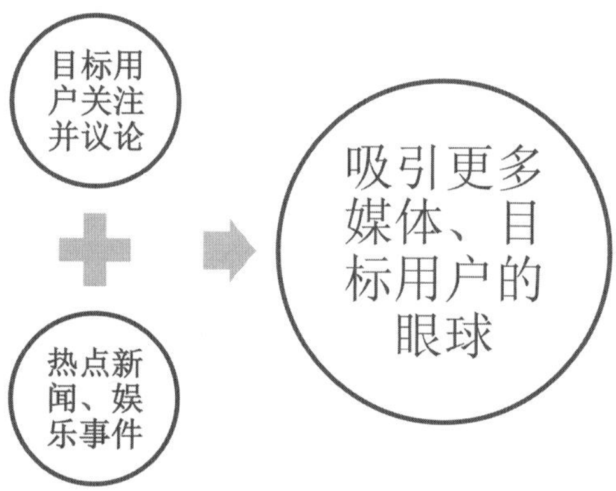

图 3-9 热点营销的公式

迅速被引爆，如图 3-9 所示。

杜蕾斯可谓热点营销的开山鼻祖，赚足了用户的眼球。如果按照时间顺序倒推，我们不难发现杜蕾斯已经借助李娜退役；文章出轨，马伊俐发表微博（婚姻不易，且行且珍惜）等时事新闻、娱乐事件进行了多次热点营销，但其中最经典的莫过于“套鞋事件”，虽然已过多时，但其引爆指数却是最高的，如图 3-10 所示。

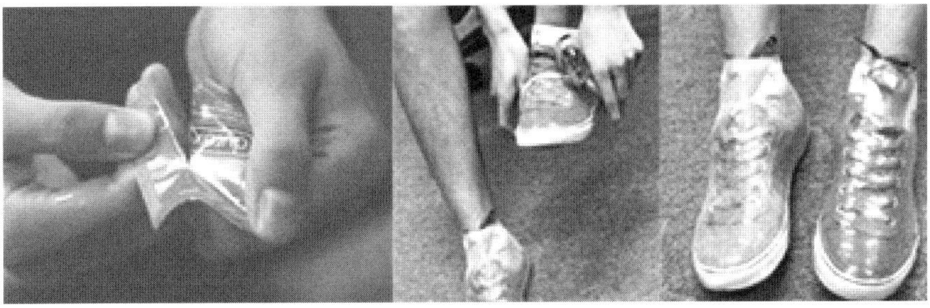

图 3-10　杜蕾斯热点营销（套鞋事件）

当这张鞋子上套着杜蕾斯的图片发布后，引爆指数简直达到了惊人的程度，转发次数高达 8 万多次，微博传播覆盖至少 5000 万新浪用户，影响人群可以千万级别计，*China Daily* 甚至将这一事件评为最有代表性的社交网络营销案例之一。

在移动互联网时代，谁夺取了用户的眼球，谁就能在行业竞争中引爆。为此，很多企业都尽可能借助时事新闻、娱乐事件开展“热点营销”，期望以最小的投入成本，获取最大的营销回报。但我们可能会迅速、敏锐地找到公众关注的题材，问题是，如何才能成功进行热点营销呢？

1. 信息整合

热点事件往往是零散的，如果我们能够及时将这些散落在各个角落的核心信息（人们最感兴趣、议论最激烈的话题等）进行整合处理，通常能起到更好的传播效果。

因为这样做主要有三点好处：一是节省了用户的时间，二是信息更加全面，三是趣味性更强。

2. 以图代文

一张图片所传递的信息量相当于1000~2000的文字内容。如果我们选择用图片的形式进行热点营销，用一张图或者两张图概括整个热点事件，用户的阅读体验感会得到最大程度的提升。

3.5.2 如何抓住行业痛点

如果说痛点是一切产品的基础，那么解决痛点则是一切产品被引爆的捷径。成功的互联网产品，无不都是成功解决了用户的一个或者多个痛点。滴滴打车的成功源于它可以随叫随到，这点是利用了用户懒惰的特性，让用户打车很方便，所以滴滴“热”了；团购的成功源于它可以便宜购物，这点是利用了用户贪婪的特性，让用户得到了小便宜，所以团购“火”了。

痛点已经是互联网产品被引爆的必要条件。只要我们善于从高处着眼，细微处入手，从市场上的痛点顺藤摸瓜，在用户的愿望清单上切入，应该不失为一种切实可行的抓手。

然而，每一个企业、每一种产品所需要解决的用户痛点往往是不同的，那么我们如何才能更有针对性地寻找用户的痛点呢？

1. 情趣用品行业如何寻找用户的痛点？

创立于2003年1月的春水堂，已经是中国情趣文化的倡导者了，而且今日的成就必然离不开对用户痛点准确及时的解决，那么其究竟是如何做到的呢？

首先，春水堂将所有用户的评论进行了综合性的整理和分析，从中找出用户的核心关注点。

其次，通过问卷的方式进行主动调研，但春水堂并没有在问卷上设置关于产品建议的问题，而是把焦点放在了问卷的逻辑性上面，使用户更愿意接受调研，并提出自己的需求和建议。

再次，采用发散性问题与用户面对面交流或者在线答疑，这样做的最大好处就是可以更加直接感受到用户的关注点。

最后，通过实际考察，可以很容易发现用户的忽略点。

春水堂正是通过这 4 步措施，并将每一步措施结合起来过滤掉一些没用的信息，最终准确找到了用户的痛点。

2. 生活日用品行业如何寻找用户的痛点?

麦开智能水杯之所以能够做到“走心又走肾”，离不开其创始人李晓亮成功搞定了会抱怨的用户，我们不妨看看他是怎么做的。

他通常会将一些用户加为好友，但他的目的并不是与这些人闲聊，也不是漫无目的地加好友，他只会选择那些接触过程中产生爆点的用户。因为这些用户的问题一旦被解决，就很容易成为忠实客户。最为关键的是，这些用户会在后期产品研发和思维碰撞过程中参与进来。这就犹如小米的“参与感”一样，当用户主动参与进来的时候，他们就会把自己的痛点或者需求点转换成建议或者意见提出来。

3. 家纺家居用品行业如何找到用户的痛点?

大朴是国内一家自主设计、多品类、多品牌运作、全网营销、线上线下同时推进的家纺家居用品公司，于 2012 年 8 月 28 日上线以来，其创始人王治全便通过微信群返积分方式不断挖掘用户痛点。

这种发掘用户痛点方式的特征就是不需要企业直接针对用户，而是通过企业搭建的桥梁或者平台，让用户之间互相挖掘痛点。

比如，王治全搭建的微信群就是一个用户互相沟通的平台，每一个用户都可以在这个微信群中提问题，如果这个问题是大家都共同存在的，自然会有很多人响应。

这时，可能有人会提出疑问，难道随便搭建一个微信群，把用户搭建来，他们就会主动互动吗？当然不会，所以我们在开头也提到了王治全的微信群返积分方式。

也就是说，想要让用户积极互动起来，必须首先让他们尝到甜头。正所谓“无利不起早”，只要我们制定一定的互动奖励机制，在利益的驱使下，很多人都会主动献计献策的。而由用户自己抛出的问题，尤其是得到大众回应的问题，一定是他们自身存在的痛点。

这是一个“酒香也怕巷子深”的时代，这是一个即使再好的产品也会被诟病的时代。在这样一个时代，利用热点事件掀起一波又一波的浪潮，才是营销永恒的追求，而解决一个又一个用户的痛点，才是产品永恒的追求。

3.6　新奇视频引爆策略

2015 年 10 月，一首充满“魔性”的英文歌曲配动画的视频席卷了 Twitter 和 Youtube，很快微博和微信朋友圈也开始病毒式传播。这是一首关于中国的歌曲，歌名叫《SHI SAN WU》，歌词更是让人一看即懂：

Wanna know what China’s gonna do？

Best pay attention to the shisanwu

听了歌曲之后，很多人才明白，这首歌原来是在向大家介绍我国第 13 个五年计划，但是用如此特别的方式，真是把世界人民都惊呆了。所以该视频呈病毒式传播，产生了极强的营销效果。当然，营销的是我们国家的国家实力。

从营销学的角度来讲，这个视频是一个典型的视频营销案例。如果需要用数字来证明的话，我们不难发现，在《SHI SAN WU》放出后，短短的时间内，全球网络关注量和转发量已经达到了天量数字。要知道，这是一个什么样的概念，相当于国家免费做了一个需要巨额资金投入的软性广告，如图 3-11 所示。

如果说互联网时代让营销从一点对多点传播变成了一点至多点，那么移动互联网时代则把营销变成了多点各自扩散的传播方式。

在这样的社会背景下，《SHI SAN WU》似乎为所有的企业和品牌上了一堂生动的营销课：一个新鲜的、好玩的、能勾起他人好奇心的视频一定是这种传播方式中的宠儿。也就是说，这个视频营销题材肯定稀奇、新颖，所以网络视频营销的所谓爆点就是新奇，即越是和平常所见到的不同，越是奇特、奇妙，越能快速引爆。

图 3-11 《SHI SAN WU》视频截图

3.6.1 如何为新奇视频寻找合适的载体

视频营销指的是企业为了达到更好的宣传目的，将各种视频短片以各种形式放到互联网上进行营销推广的手段，属于“互联网 + 视频”的创新营销形式，所以其同时具备了网络视频广告和电视视频广告的优点。

新奇视频营销即用更有吸引力的视频进行营销活动，虽然在体现形式上也不免要通过电视广告、网络视频、宣传片、微电影等各种方式，但要突出新奇这一特征，必须找到更加合适的载体。

1. 有价值的内容

遵循新奇视频引爆的规律，网民通常会去传播的视频，不外乎经典的、有趣的、轻松的视频，但网民更愿意自动自发传播的视频，其视频内容一定要有价值。一个没有价值的产品就像无根之萍，一个内容没有价值的营销视频就像是无水之鱼，游（传播）不动，也游（传播）不远。

2. 有影响力的事件

新奇视频之所以能够引爆正在于传播即精准，也就是说，视频的传播者所传播的对象一定是与其在需求、兴趣、爱好等方面相同的人，正好关注视频，从而形成分享传播（见图 3-12）。那么，如何才能同时满足他们的需求、兴趣、爱好等，从而更容易被网民传播呢？

图 3-12 新奇视频引爆的规律

其实，我们可以在很多企业品牌走向成功的案例中得到启发，比如国内很多品牌都依靠事件营销成为了被关注的热点，如果我们将事件营销思路（即借助有影响力的事件，把企业产品、品牌等信息融入其中）放到视频营销上也必将会开辟出新的营销价值点。

3.6.2 新奇视频打造彩点的 4 招

视频营销作为企业或者产品被引爆的有效途径之一，其中最引人关注的是，企业在视频营销的量级、合作形式、影响力等层面都跃升了一个高度，出现诸多“现象级”视频营销案例。特别是随着视频类自制节目、微电影等形式的广泛兴起，品牌元素与视频内容的精准结合往往能催生出更具价值的营销体验。但问题是，如何更好地把视频内容营销玩出彩，更有新意呢？如图 3-13 所示。

1. 以“明”成名

这里的“明”指的是明星。因为，即使在传统的电视广告中，明星营销也可以起到显而易见的效果，比如明星的身份、地位、影响力通常可以更好地加大宣传效果。

如果在网络视频营销中引入明星效应，同时与品牌、与内容有机结合，往往能够带来更多的曝光率、收视率、传播率。例如，NIKE 曾邀请小罗拍摄了一段连续 4 次击中门柱的神奇广告视频，虽然很多人对此不相信，尽管 NIKE 也曾默认了该视频的神奇之处都是经过加工处理而得出的，但这些都没有妨碍该视频病毒性传播的效果，甚至在全世界范围内被引爆了。

2. 越炒越火

“炒作”本身就是一种非常规的新型传播模式，一种不断翻新的商业技巧，直接效果就是人气。所以，一旦在视频营销中加入炒作元素，想不引爆都难——不仅可以博得大众的眼球，而且可以同时获得名和利。

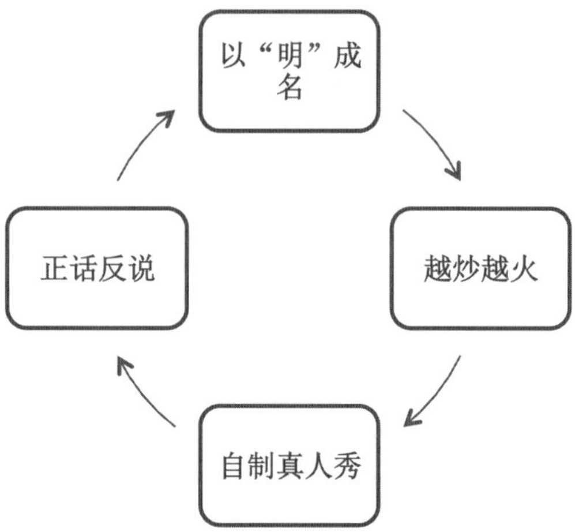

图 3-13　新奇视频打造彩点的 4 招

例如，利用“越炒越火”方式成名的古某，其在离开搜狐后，做了一个重要的决定，要在视频领域打下一片天地。但是他建立的优酷网在起初并不是很得人心，于是其决定借用张钰对潜规则的炒作来打响优酷品牌，同时决定依靠很有争议的张德托夫的《流血的黄色录象》来换取关注。结果，令人意想不到的是，古某的这招借鸡生蛋，不仅使得优酷一举成名，赚取了大把的眼球和人气，而且还获得了 1200 万美元的融资。

3. 自制真人秀

移动互联网时代的社会背景下有一个非常有意思的现象——大众娱乐大众，如果换一种比较时髦的说法，其实就是真人秀。事实上，这也是网络时代发展的一种必然产物。当传统媒介的单向传播已经由双向互动传播所替代的时候，真人秀类型的网络自制视频节目迅速成为广告圈最不容忽视的营销形式，而且优秀的“真人秀”节目是可以吸引无数观众眼球的有效途径。

在这一点上做的比较有代表性的是腾讯出品的全球首档大型调查类真人秀《你正常吗？》。虽然《你正常吗？》是腾讯视频首次将互联网思维引入的真人秀视频节目，但值得注意的是，《你正常吗？》中的“真人秀”是以网友调查产生的大数据作为节目卖点，只要是网友所关注和好奇的话题，《你正常吗？》都不会忽略。这最终成就了其 3 亿的总播放量。

4. 正话反说

细心观察，我们不难发现，在生活与工作的周围，不知从何时起开始流行这样一句话“就这样活着吧”。这句话的言外之意其实是说，我们应该或者需要改变我们现有的生活方式，并寻求更好的生活方式。

从这个角度来看的话，这句话实质上是典型的正话反说，而它的出处相信很多人都不会陌生——陌陌，并由此让陌陌再次大红大紫了一把。

这是陌陌推出的一则比较另类的广告视频，广告视频的主题名为《总有新奇在身边》，配以另类的女声独白，以正话反说的方式一改传统的播音腔为平实略带停顿的语气，尤其是最后那句“就这样活着吧”让无数人在看过后一直难以忘记，再也不敢这样活着了……正是这种大胆而且全新的广告视频创意手法，引无数微博中的大 V 都跟着转了起来。

事实上，除了以上总结的几点打造新奇视频的方法和技巧之外，用祝福游戏的方式也可以达到以情系人，用情动人的效果；为视频注入强大的搞笑、幽默成分，带给人们欢乐的同时，也让人们更加愿意去传播。

3.6.3　新奇视频高效传播的 3 个方法

我们无法否认，视频内容新意十足而有价值是实现引爆的前提，但我们也无法回避的一个话题是，一旦传播途径漫长而烦琐，则同样无法实现引爆。

试想一下，当你在网上看到了一个很有趣的视频，刚想分享给自己的亲朋好友时,却发现首先需要花费几十兆甚至几百兆流量去下载,然后才能继续分享,你会做出怎样的选择？相信很多人会毫不犹豫地选择放弃。

为什么？一是费时，二是费力。而要想打开束缚通过新奇视频引爆的镣铐，必须让新奇视频的传播途径具备以下几个特点（见图 3-14）。

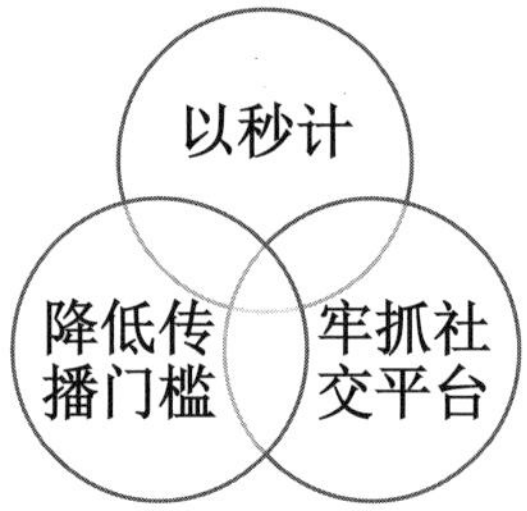

图 3-14　新奇视频高效传播的 3 个方法

1. 以秒计

必须把视频的长度控制在 20 ～ 30 秒，过长则会让人感觉沉重烦琐，过短则会让人感觉没有内涵。

2. 降低传播门槛

要做到即拍即传，从而让关注者可以做到即下载即分享。

3. 牢抓社交平台

唯社交平台不渠道，唯社交平台不传播，也就是说，要最大程度地提高视频的社交属性。

人与人之间的连接已经成为移动互联网时代最大的主题，而且这种连接在品牌与消费者之间也越来越必不可少，新奇视频则可以让品牌与消费者之间的距离越来越短，甚至趋近于零。

Part 4

2 秒定律：

善抓眼球，新奇驱动社交营销

4.1 内容越新奇越容易引爆

在移动互联网时代，传统媒体之所以会迅速没落，不是因为人们没有阅读的需求和渴望，而是由于传统媒体的便捷性不足，已经无法更好地满足用户的需求。

试想，你愿意浪费更多的时间以及跑到几公里外的图书馆去购买一本书，还是更愿意随时随地从口袋里掏出手机就可以打开一本电子书？你愿意走出家门跑到街边的小报亭去购买一份报纸，还是更愿意惬意地坐在家中的电脑前轻松地打开网易新闻客户端就可以了解天下各种新闻事件？

显然，在移动社交平台越来越发达的今天，人们已经没有任何理由选择“笨重”的传统媒体来满足阅读的需求，但这也并不代表人们对于阅读已经不重视，相反，移动社交平台的火爆更加证明了人们的阅读需求无时不在。

事实上，由于移动社交平台的便利性，让人们每时每刻，在每一个地方都可以阅读，都在阅读，而且阅读量是以往任何一个时代都难以比拟的。

然而，就是在这样一个无论是阅读的广泛度还是阅读量的庞大度都如此惊人的情况下，为什么传统媒体似乎已经走到了被边缘化的地步？这也为所有的企业和品牌的营销推广人员敲响了警钟。我们应该好好想想，什么是信息传播？然后再想想如何通过信息的传播让企业的产品被用户熟知并使企业获得效益？

面对互联网时代的冲击，传统行业的生存空间越来越狭窄，而互联网行业同样也面临着巨大的生存压力。时代的转变让传统行业和互联网行业在以往只专注于洗脑式的信息传播的基础上苏醒，开始抬起头关注受众的需求和愿景。我们不得不开始越来越多地谈论传统行业和互联网行业的生存之道是将营销信息的内容奉为救世主还是将营销信息的传播渠道视为最后一根救命稻草？

事实上，对于这一问题的答案我们仍然可以从传统媒体的解决之道上获得启发——摩根士丹利在其发布的关于《内容为王，渠道为皇》媒体行业分析报告中指出：随着3G互联网、互动电视的普及，中国“内容为王”的时代已然来临。

的确，当传统行业以及互联网行业无不选择了更加便捷的移动社交平台作为传播推广的渠道后，好的内容才是吸引观众的根本，也是引爆的资本。

例如，在中国整个电影行业内几乎已经没有人怀疑“内容营销”的重要性了。电影圈内已经达成的一个共识是：当资金和市场空间都不是问题的背景下，谁的故事内容可以达到“奇货可居”，谁就可以创造票房神话，成为市场的必然宠儿。

移动互联网时代下所有行业和产品的营销已经进入了读图时代，传统文字的营销模式已经日渐衰落，可视化营销正当时，其中“内容为王”又是营销致胜的关键，内容越新奇越容易引爆。其最主要的几个特征是：

（1）内容需要更加融入媒体环境；

（2）更注重价值内容的提供；

（3）和用户之间的距离更近，更容易产生共鸣；

（4）“有图有真相”；

（5）有生活方式的主张；

（6）有好玩有趣的 high 点；

（7）有可持续的人格化内容创造；

（8）有创造引领新风尚的新内容；

（9）实时化热点。

内容营销的热捧，被认为是某种潮流的兴起，也可以看作是营销的未来趋势。这一点可以从互联网巨头争夺的标的物的变迁上窥见一斑。对于互联网巨头这个位置来说，取决于谁可以成为互联网巨头的决定性因素是“入口”，如果你能早于其他竞争对手拿到下一个入口，你就能稳坐互联网巨头宝座。于是，在搜索为入口的时候，百度、腾讯、阿里巴巴、360 都拼命做搜索，结果是百度赢了；在电商是入口的时候，又是纷争四起，最终阿里巴巴独占鳌头；在社交成为入口的时候，再次狼烟四起，只不过最终的胜出者属于微信。从中我们可以看出，随着入口的不断变化，互联网巨头的宝座也在不断易主。那么，在内容成为入口的时候，同样也预示着，得内容者得天下，所以内容之战已经打响。

诚如腾讯集团副总裁程武的解释：“‘IP’就是粉丝喜欢的‘娱乐内容标的物’，一个故事，或者一个角色——比如，《西游记》里面的美猴王。”这句话的背后所隐含的意思是，在“内容时代”，必须通过更具价值体验的新奇内容触发用户内心的真实需求，未来以新奇为核心的社交内容营销将成为内容营销的主流，并呈现出如下 3 大发展趋势（见图 4-1）。

图 4-1　内容营销的 3 大趋势

1. 冲击用户内心的情怀

单纯的产品介绍，尤其是“王婆卖瓜”式的自我型营销推广已经不能打动消费者的心。企业应以消费者为中心，明确目标客群，晓之以情，动之以理，才能让消费者产生共鸣。

2. 营销于无形

洗脑其实就是营销，洗得越彻底证明营销越成功。但是，在这个更加注重体现感受的时代，单纯依靠有形的产品为消费者洗脑显然已经成为过去时，把动人的情节、趣味的主题、悬疑的故事融入到内容营销中，从而做到营销于无形，才是进行时和将来时。

3. 调动用户的参与热情

雷军曾说过：“台风口上，猪也能飞——凡事要‘顺势而为’，如果把创业人比作幸运的‘猪’，那行业大势是‘台风’，还有用户的参与也是‘台风’。”

可以说，参与感就是小米的核心点，是整个小米最核心的理念。小米通过借助互联网平台与用户形成互动参与，调动用户的参与热情。用户口口相传的口碑传播和社交媒体的互动传播，掀起了一场网络的狂欢，最终把小米打造成了一个很知名的品牌。

当下，移动互联网让一切都变得充满想象，任何事物都有可能快速跌落，任何事物也有可能被瞬间引爆。网络塑造爆款的关键也正在于此——我们固然需要通过内容营销快速传播、及时引爆，但更重要的是其背后的引爆逻辑：

“你打算在引爆过程中传递什么信息？你的信息如何才能与众不同快速博得眼球？”

1. 学会讲故事

无论是用于“病毒营销”的网络视频，还是网络图片，尤其是面向用户的产品推广信息，优秀的内容营销一定要学会讲故事，以此留住消费者的注意力。

2. 主题一针见血

内容营销不是为了编段子，目的是为了拉近与用户之间的关系，所以在内容篇幅上要做到言简意赅，一针见血，明确主题，切忌废话连篇，或者老生常谈。

3. 巧设悬念

发布内容的时候，一定注意内容的准确可靠，同时也要巧设悬念。要知道，好奇心是每个人与生俱来的，但一定不要引入太多的八卦。扪心自问，天天看笑话，听八卦，你记住了谁？

社会化媒体看似对成本的要求降低了，实际上则是提出了更大的挑战：同质的东西不能同时存在，至少不能大量同时存在。因为每个人都在发出声音时，同质化的声音只能被迅速淹没。你如何让自己被记住并引爆的唯一的一个选择：创建新奇的内容。

4.2 标题党的生存之道

当你看到一个标题为“105 个男人和 3 个女人的故事”的时候，你会联想到什么？

当你看到一个标题为“李湘在大街上被两个人强行拖行”的时候，你会联想到什么？

当你看到一个标题为“七男大战一女”的时候，你会联想到什么？

无论你产生什么样的想法，脑海中会出现什么样的画面，一旦你为了这样的标题而无法自拔，在你点击去的那一刻，也就预示着这样的标题获得了胜利。虽然你点进去之后发现不过是《水浒传》《葫芦娃》，颇有上当受骗的感觉，但是在你再次遇到的时候，还会不由自主地点开。

为什么标题党的生存能力如此强大？

因为在标题党强大生命力的背后是很强的幽默性和娱乐性，即使其的确存在意图捉弄其他网友的成分，但其是和 Just For Laughs Gags 一样的善意搞笑举动，即便其对象发现被骗之后也会轻松一笑。

所以，营销推广，尤其是想要引爆，应该学会做“标题党”，不仅可以吸引眼球，更可以提高点击率。

比如，你在查看微信朋友圈的时候，第一时间选择去看的是什么？是标题。如果你发布的是一篇关于产品的信息，但是你的标题没有吸引力的话，那么他们就不会点击，用户不点击，无论你的产品和服务有多炫，一切都是零……

无论是撰写一篇好的微信文章，还是撰写一篇好的产品推广软文，抑或是发布一个好的产品视频，最重要的环节是要有一个好的标题。一个标题的好坏往往影响着你的文案是否能够吸引人，容不容易被人们记住，你的传播软文能否最大范围地被传播？其实，总结为一句话就是，一个好的标题往往可以决定你的产品或者服务能否引爆。

那么，如何才能写好一个标题，既可以娱乐自己，也可以娱乐大众，进而完全吸引用户点击，彻底传播引爆？

4.2.1　悬念式标题——吊起用户的兴趣

悬念是运用观众、读者对故事情节发展和人物命运很想知道又无从推知的关切和期待心理，即读者、观众、听众对文艺作品中人物的遭遇和命运，对未知的情节的发展变化通常会持有一种急切期待的心情。

所以设置悬念式的标题要求避免直接点题，而是需要间接地绕一个小圈子，也就是我们通常所说的卖关子。具体而言，就是不要在题目中具体说清楚我们究竟要讲述什么故事，或者传递什么信息，往往需要用一些貌似不相干的话题来代替真正的主题，从而吊起读者的兴趣，使读者不自觉地进入正文。

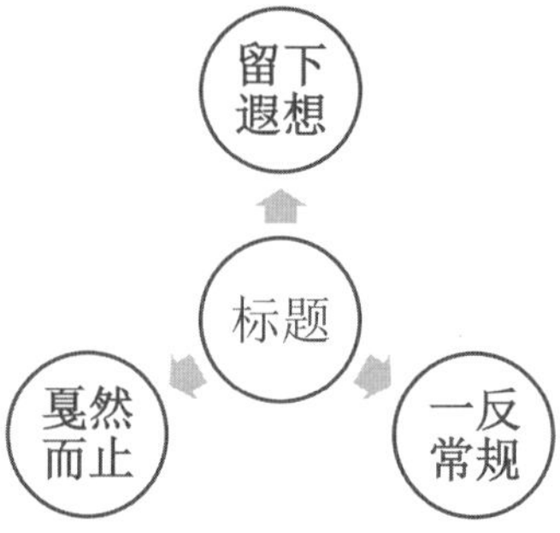

图 4-2　悬念式标题的特点

悬念式标题的特征一般包括以下几点（见图 4-2）。

1. 留下遐想

比如“把油门当刹车的后果是……”。

2. 戛然而止

比如“让人疯狂的奥秘是……”。

3. 一反常规

比如人们都知道马化腾已经是一位非常成功的人，无论是名还是利都让人十分羡慕，没有人会认为马化腾在生活乃至工作上会遇到什么麻烦，如果我们逆大众心理而行之，必然会获得意想不到的结果，比如我们可以就马化腾设置一个这样的悬念式标题：“马化腾出大事了”。

4.2.2 提问式标题——找到共同的痛点

以问题作为标题的好处就是，一旦用户发现自己也有类似的疑惑，就会迫不及待地点进去，因为他们比任何人都更想知道答案。

然而，提问式标题需要注意的是，所提出的问题必须是目标读者群体普遍存在的疑惑，这样就能获得更多人的关注。相反，如果所提问题只是针对某几个人的，那么传播的范围必然有限。

所以，提问式标题的特征通常包含以下几点。

1. 广泛性

比如使用苹果手机的人很多，可以针对这一类人群设置的提问式标题是：“为什么苹果手机的电量只能使用一天？”

2. 共鸣性

比如中国的离婚率越来越高，已经引起社会的普遍关注，可以这样设置提问式标题：“为什么越来越多的人会选择离婚？”

4.2.3 数字式标题——瞬间提高说服力

众所周知，数字往往是力透纸背的表达。在标题中如果能够巧妙引入恰当的数据，往往能够快速提高主题的说服力，同时也会提升吸引力。

数字式标题最大的特征就是简单明了，最大的作用就是增强权威性。这也是设置数字式标题需要遵循的规律。比如，未来什么样的人找不到工作？如果将这个标题改为：“未来这 8 种人找不到工作”。简单对比一下，你会点开哪一个？

数字式标题就是把标题中一些含糊不清的词语，或者不能触痛人心的一些话替换成明确的数字。

事实上，在现实中可以并入标题党的标题形式还有很多，诸如热点式标题、主题式标题、名人式标题、干货式标题，等等。然而，无论哪一种形式的标题，只有用心去构思，让其充满智慧和创意，既简练又准确，既传神又入心，才能真正引爆眼球，否则，只会适得其反。

4.3 营造参与感，参与越深，传播越迅速

在移动互联网出现之前，很多企业把营销活动看作是企业的专属权利，消费者想要购买产品或者获得服务，必须是企业择时、择地、择价后的结果。在企业看来，消费者始终处于“被动挨打”的层面，从未想过主动让消费者参与到企业中来，而企业之所以会产生这种想法，也是基于多种原因。比如，企业往往会一厢情愿地认为消费者根本不需要参与，而且消费者是一个鱼龙混杂的人群，教育背景等都不相同，所以消费者没有参与的能力，提不出什么有建设性的意见或者建议。与此同时，企业更加担心的是，由于消费者的参与需要更多的人进行管理，而且需要增添一些必须的设备等，无形中都是在增加企业的成本，甚至一旦参与的消费者中混入了竞争对手，企业的核心机密就会轻而易举地被泄露，如图 4-3 所示。

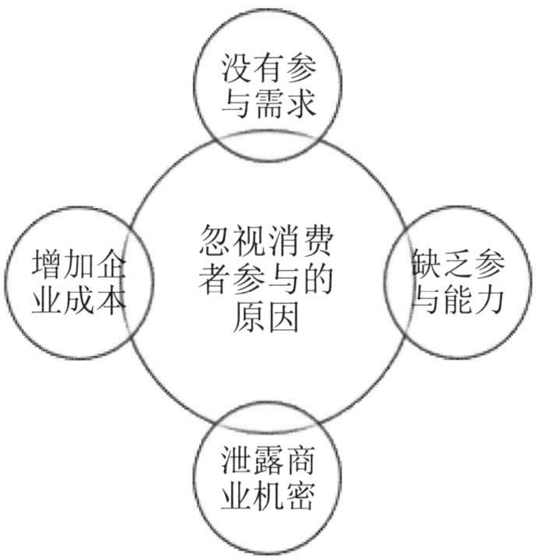

图 4-3 忽视消费者参与的 4 大原因

然而，随着移动互联网的盛行，消费者其实已经不再甘愿只做接受者和受惠者，越来越不满足于被动消费，他们更愿意通过自己的参与，满足个性化的需求，从而获得成就感。

对于企业来说，消费者的参与事实上也已经变成了一种真正的双赢。比如，

小米手机为什么会如此火爆？为什么会在移动社交平台上获得让人羡慕嫉妒恨的口碑传播？

小米的联合创始人之一黎万强在《参与感》一书中如是说：小米开放做产品做服务的企业运营过程，是让用户参与进来。和用户做朋友就是和用户一起玩，不是做形式化的用户调查或高大上的发布。和用户一起玩、讨论产品，通过论坛、米聊或微博等沟通就是需求收集，就是产品传播。

和用户做朋友这个观念的出现，是因为今天不是单纯卖产品的时代，而是卖参与感。

的确，小米依靠用户的参与引爆了，甚至连《参与感》这本书也火得一塌糊涂的时候，我们不得不重新思考营销模式的转变。

黎万强正是精准地掌握了消费者选择产品的演变过程，最终选择了参与型营销。他认为消费者选择产品经过三个不同时期的消费方式（见图 4-4）的转变后，已经进入到了参与型消费时代，消费者希望能参与到自己喜欢的品牌的发展中来。

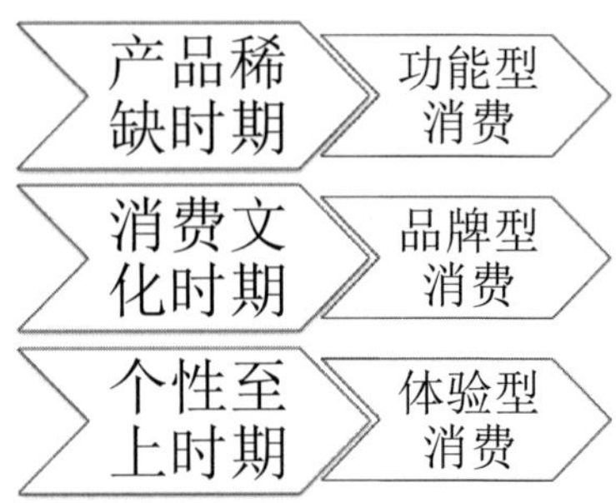

图 4-4 黎万强强调的消费三阶段

与此同时，黎万强认为，构建参与感就是把做产品做服务做品牌做销售的过程开放，让用户参与进来，建立一个可触碰、可拥有，和用户共同成长的品牌。

参与感作为一种成功的营销手段已经深深植根于网络营销模式的灵魂之中。因为互联网思维的核心是口碑为王，而口碑的本质正是用户思维，即让用户有参与感，而且参与程度越深，口碑传播越迅速。当参与感深入消费者的内心，消费者就会主动参与产品相关的活动，甚至不需要企业主动去运营。

4.3.1 参与产品的创意设计

参与感主要是给消费者创造这样的机会，比如开发一款新产品，只是单纯地让消费者观看，这样的“参与感”会大打折扣，但如果是这样呢？

如果我们将产品开发过程中的某些环节交由消费者去完成，如外观的形状、颜色的选择、功能的设计、规格的大小、式样的创新，并提供多种可供选择的方案，消费者通常比任何一家企业的研发人员都更积极、更愿意去思考和创造。同时，消费者也会真正把隐藏在内心深处的好恶体现出来。这对于企业来说，消费者所贡献的智力资源不仅是企业可遇不可求的，也可以为企业开发新产品节省大量的人力、物力。

事实上，我们已经无法否认，随着消费者自主意识的增强、知识水平的不断提升，在某些方面，某些消费者往往比企业内部的技术人员更为专业。

美国斯隆管理学院曾经做过一项调查，结果表明：成功的民用新产品中，有 60% ~ 80%来自用户的建议，或是采用了用户使用过程中的改革建设。

移动互联网时代，消费者的多变性，尤其是不断膨胀的个性化的差别需求，使得企业越来越难以满足，而且还很难找到正确的产品研发方向。消费者的及时参与，一是让消费者获得了“自食其力”的成就感，二是企业无论是在开发新产品，还是在改进老产品方面，都可以获得更强大的头脑风暴，或许消费者的创意、设计、创新在很多方面会存在不足之处，但这些不正是启发灵感的原点吗？

4.3.2 参与产品的生产环节

设想这样一个场景：由自己亲手制作的产品，然后再由自己消费，会是一种什么样的感觉？这种感觉必然会超越成就感，上升为价值感，营造出来的是一种生活情趣。

然而，现代工业文明似乎已经剥夺了人们消费自己亲自制成的产品的机会和权利，人们想了解完整的产品制作过程已经变成了可望而不可即。此时，如果我们在产品制造的组装等环节，让消费者有更多的实践体验，证明他们的独立性、创造性或者是工作技能，我们还会担心自己的产品得不到良好的口碑宣传吗？

如果说这算得上是消费者参与产品制造环节的一个好处，那么消费者参与产品制造环节可以为企业带来的更大利益是，可以有效降低产品生产出来以后没有销路打不开市场的风险。

随着科技的进步、产品的日益复杂化和顾客需求的多样化，消费者参与型营销已经成为一种必然。而在这种背景下，消费者的参与程度又决定了传播的速度。

如果我们能够结合上面提到的两种消费者参与的方式，同时让消费者也参与到产品革新、生产制作、价格制定的过程中，就能把参与感无限放大，让传播加速度。

小米公司的思路是："把做产品、做服务、做品牌、做销售的过程全部开放，让用户参与进来"，就是"全流程用户体验，打破企业的墙，让用户参与交互，在每一个环节都享受到最佳体验"。

4.4　2 秒内留住客户的 5 个策略

在移动互联网时代，繁多的信息充斥人们的生活，且更新速度越来越快，如何在万花丛中脱颖而出，成功留住客户，是企业亟待解决的问题。

那么，你有没有想过在 2 秒之内留住客户呢？也许有人觉得这是个笑话，现在连留住客户都成为难题，更不要说是在 2 秒内。然而，一切皆有可能。

4.4.1　不走寻常路

一旦提及营销推广，很多人可以马上回想到花重金邀请明星代言，在电视上轮番做广告。其实，在移动互联网时代，这已经成为了过去时，如果你企图还用这种传统的商业模式去留住顾客，那你就 out 了！现在是全新的网络时代，企业也应该运用互联网思维去拉近与顾客的距离。

我们不妨来看看小米公司是怎样另辟蹊径的吧。

2014 年春晚开始前的黄金时间，小米在央视投放了一支一分钟的品牌广告，名为《我们的时代》。不少品牌商都曾尝试大规模品牌营销，如重金邀请明星代言，而没有做好从根本上打动观众的可持续规划。花 500 万元邀请明星代言却只花 1000 万元做媒介投放，事实上媒介投放资源应该是 5 倍甚至于 10 倍于代言费用，否则就是杯水车薪，没有什么效果。而小米的这支广告斥巨资 6000 万元。小米一直信奉一个理念：要么不做，如果要做就要把广告做精。所以，一直以来很少做传统市场的小米，在积累了数千万的互联网活跃用户后，选择了央视春晚开始前的这个黄金时段，希望借力更大众化的传播平台去触及更大范围的用户群体。

4.4.2 直击用户内心

一到广告时间，不少观众都会选择换台，似乎观众与广告天生水火不容。然而，观众是真的排斥广告吗？不是，他们只是排斥那些一味宣传、推销、广告词生硬浮夸的广告。如果广告制作精心，符合用户所需所求，观众也会认真欣赏。

一度大热的 OPPO R 系列手机，正是因为了解到用户想法并满足了他们的需要而广受好评。现在，手机功能越来越多，屏幕越来越大，人们花费在手机上的时间也越来越多，手机电量不够用的问题开始凸显。OPPO 因此推出 R 系列手机，简洁有力的广告语——“充电 5 分钟，通话 2 小时”（见图 4-5），配上美观精致的图片，很快吸引了观众的眼球，也在快充方面占据行业优势位置。

图 4-5 OPPO R 系列手机的广告语

4.4.3 融入情怀

什么样的创意最能打动顾客、最能触动人心？那就是融入情怀的东西。每个人，外表无论坚强还是柔弱，他的内心总有一片柔软的地方，有自己的个性。

如被誉为 2.5 次元的 bilibili 视频弹窗网站成立于 2010 年，这家后起之秀的视频网站一开始就杜绝了优酷、土豆这些网站的大而全特点，主打动漫、恶搞和弹窗文化。这样的标签，对于 90 后一代有着不可抗拒的魔力，注册人数迅速达到数十万，并形成了独一无二的 2.5 次元文化现象。bilibili 的粉丝比优酷的粉丝更忠心，就在于 bilibili 不仅只提供视频内容，还针对粉丝群召开了一个直击兴趣点的活动：动漫吉祥物、看板娘、拜年祭……看着动漫长大的年轻人，在 bilibili 找到了真正的兴趣社群集散地，兴趣标签甚至成为了生活习惯。纵观国内视频网站，尽管如腾讯、优酷、爱奇艺等经常出现大的变动，但凭借着对自身的精准定位，bilibili 一直是小众却又极其稳定的品牌。

4.4.4 潜移默化

很多企业因其简单粗暴的营销模式给顾客留下了不好的印象，因而也损害了其产品的形象。在社交媒体大热的背景下，企业应该学会从侧面出发，在与顾客的良性互动中发挥潜移默化的影响，让企业形象与内容内化为顾客自己的东西。例如聚美优品创始人陈欧，在新浪微博与顾客进行了很好的交流与互动，不仅在每次活动之前都在微博提前通知进行预热，而且还会不定期给关注他的用户发放福利，或是现金红包，或是新品试用，调动了消费者参与的积极性，也在消费者内心树立了良好的企业形象。“我是陈欧，我为自己代言”的广告词深入人心，以陈欧自己的创业故事为模板的广告也赢得观众的欣赏、点赞，久而久之，这支广告不仅吸引了观众对陈欧本人的关注，也成功引导观众把目光转移到陈欧的聚美优品，打造出一批潜在顾客。

4.4.5 体验，还是体验

互联网思维不仅仅是一种思维模式，更代表一种全新的生产力。在快速发展的互联网时代，就传统企业而言，线下渠道不但不会消失，反而会随之发展，体验、展示、情感等方面的需求也就变得更为重要，尤其是打造沉浸感——这是快速留住客户的不二法则。

在欧美、澳洲以及日本等发达国家，线下购物环境比较成熟，在进入、体验、支付等方面简洁高效，有良好的体验感和沉浸感。

以澳洲 optus 电信营业厅为例。营业厅路径清晰，布局简单。从入口走进去，并排布置着用于展示的桌子，上面摆放的是手机等销售品及用于办理业务的笔记本。用户体验完毕可立即买单并完成相关业务办理，实现“一条龙”服务，而且，一个营业员可提供全部服务，用户无须在不同区域之间奔波，节省了用户不少时间。营业员自由走动，不固定在某个位置，集引导、介绍、受理业务于一身，高效快捷。

新时代，新的消费模式，新的消费者群体，这就需要新的营销手段。快节奏的时代，相应的需要“快”的竞争方式，“2 秒内留住客户”的能力能够使企业在竞争中占据很大优势。

4.5 制造差异化抓住客户眼球的 6 个方法

移动互联网的迅速发展为企业营销开辟了一个相对单纯的广阔的市场，但竞争的激烈程度也随之上升到了一个更高的层次，导致的一个最明显的后果就是，同质化现象几乎无处不在。

对于消费者而言，网络上只有想不到的产品，没有买不到的产品，而且由于物流行业的飞速发展，几乎可以同时以最低的成本在最短的时间内满足自身需求，哪怕是个性化的需求；对于企业而言，通过网络虽然可以搜集更多更丰富的消费者数据信息，但这一优势对于竞争者来说同样存在和有效，所以，模仿变得更加简单，抄袭变得更加容易，同质化更加泛滥。

然而，在移动互联网时代，我们已经找不到与网络不相关的消费者，更找不到与网络不相关的企业。既然消费者和企业都已经同质化了，那么再依靠相互效仿的营销模式还能找到出路吗？因此，我们可以得到的一个必然的答案就是：只有差异化的营销才是成功的秘诀。

差异化的广泛定义是指企业在顾客广泛重视的某些方面，力求在本产业中标新立异。竞争战略之父迈克尔·波特将企业的差异化进一步分为了三类，基于战略定位其分别为成本领先战略、产品差异化战略以及创新战略。营销大师科特勒则认为：差异化是区分竞争对手的产品，是公司对自己的产品增加一系列有意义而有价值的差别要素过程，企业可以从产品、服务、渠道、人员和形象等方面进行差异化。

差异化之所以可以受到如此重视，是因为差异化不仅可以为企业带来效益，也可以为消费者带来利益。

对于企业来说，这不仅可以让企业与竞争对手之间有效避免正面厮杀，而且相对于竞争，自家产品已经出现了本质上的变化，所以更容易获得消费者的认可和信任，进而激发消费者的购买欲望，提高品牌忠诚度。

对于消费者来说，差异化产品必然是经过创新和优质改良过的产品，所以消费者可以购买到更加质优价廉的产品，而且差异化产品的创新功能更容易满足消费者的需求。如图 4-6 所示。

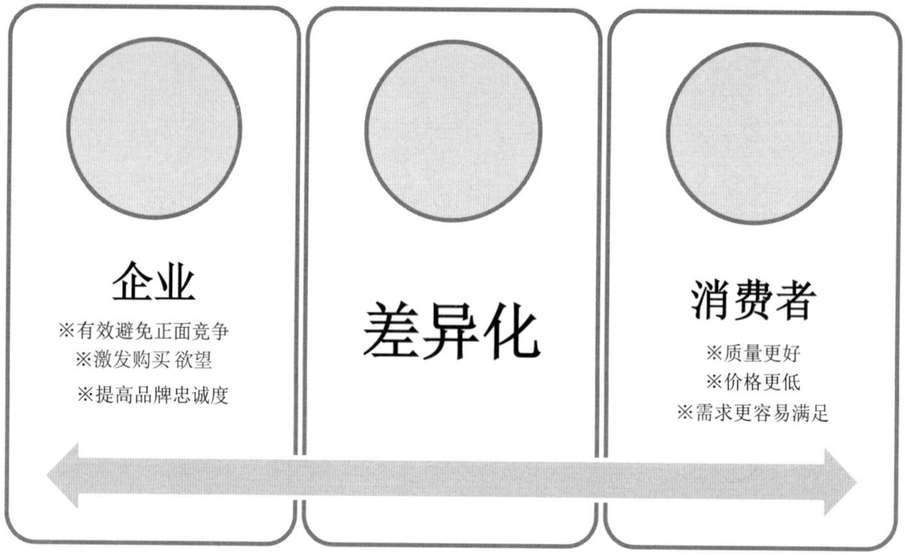

图 4-6　差异化的优势

可以说，网络营销模式决定了企业的生存模式。值得注意的是，不管是大企业还是小企业，虽然获得差异化的途径有很多，但面对无比诱人的移动互联网市场，关键是找到可持续保持的差异点，而不是盲目进入，随意粉饰出来的。

只有真正找到与竞争对手的差异点并进行营销，才会获得生存的机遇，加大成功的概率。

4.5.1 定位差异化

网络对企业的发展定位影响很大，目前各行各业都在想尽一切办法，从一切可以与互联网联姻的角度在攀亲，可见想要发现完全空白的行业几乎成为天方夜谭。在这种情况之下，跟风、模仿、复制等于自掘坟墓。

所以，我们应该采取的定位方式，不是舍近求远，而是在已进入的行业领域做出差异化，设法将已有的行业进行精细化划分，力求在细分的基础上做到专业化。打个比方，如果你想做一个旅游产品，这时候你如果还是各个旅游景点都做，最终会淹没在“天下大同”之中，没有特色，迷失方向。如果你选择山或者水来做，将其分类细化，这样会让游客眼前一亮，同时也会加深游客的印象，从而提升传播的速度。

4.5.2 产品差异化

再动听的歌曲，也不能每天都听，时间长了就会失去感觉；再美味的海鲜，也不能每天都吃，时间久了就会失去味觉。

换句话说，人总是处在不断变化之中，尤其是在移动互联网时代，这种变化的速度越来越快，只有提供差异化的产品不断满足消费者的不同需求，才能立于不败之地。

最简洁的方法就是实现“私人订制”，进行个性化定制生产，把消费者拉到产品的设计、制造中去。消费者在参与的过程中，往往会依据自己的个性化需求提出意见或者建议，由此生产出来的产品，难道用户还会不满意吗？在这一点上，小米的“参与感”已经给出了我们明确的答复。

4.5.3 服务差异化

如今，不仅在城市，在县城甚至是乡镇，我们都可以看到许多销售鲜花礼品的商店，可是你有没有见过这样一家花店：章子怡、杨幂、李晨、吴亦凡、张亮、林志颖、李小璐、李云迪等上百位明星都是它的客户。

无论你有没有见过，相信你现在最大的困惑一定是，为什么这家花店可以招来众多重量级明星的光顾？

事实上，这家花店正是依靠差异化服务实现这一“壮举”的。这家花店是“专爱花店”。“专爱花店”的差异化服务就是24小时接受顾客或合作伙伴关于产品或服务的资料索取和问讯，并可及时响应他们的需求，实现差异化定制服务。

例如，你只要关注“专爱花店”的公众账号，就能看到它设置的新品上市、热门推荐、玫瑰星座几个版块，在这里你可以随时给心仪的女孩购买鲜花。如果用户不愿意购买新品鲜花，客服人员会为用户推荐一些其他类别鲜花新颖的搭配方式。用户用微信支付即可实现交易。此外，“专爱花店”还会在微信服务号上不定时推出一些茶花、护花的小知识，这对爱花人士来讲十分难得。

4.5.4 渠道差异化

网络本身已经成为了一个名副其实的渠道，不但承担着销售渠道的责任，而且肩负着沟通渠道的使命。网络让企业的传播渠道打破了地缘、血缘的限制，但是如何才能做出差异化出来呢？

（1）在利用网络作为沟通渠道的时候，一定要选择最方便、最快捷的沟通工具。

（2）在拓展分销渠道的时候，切忌拘泥于一种方式，而是要学会整合利用。

（3）在构建客户关系渠道的时候，要尽量通过老客户不断引入新客户，同时需要迅速挖掘潜在客户。

4.5.5　功能差异化

宝丽来相机是怎么来的？Edwin H. Land 发明了一种在人们拍照后能马上看到相片的即时摄影成像技术，它满足了人们的需求，于是风靡世界，这一技术即使是在数码相机风靡的今天，也经久不衰。

事实上，功能差异化的核心就是创新，遵循创造决定论，不断发明崭新的产品，在市场创造出新的需求并满足它。

4.5.6　价格差异化

或许在很多人看来，价格差异化等同于价格战。如果你有这种想法，那就陷入了差异化的误区。

真正的价格差异化是将价格差异定位于溢价服务或产品而不是最低价格。试想，在网络信息四通八达的情况下，价格早已不是秘密，只有在相同的价格上给予消费者更多的增值体验，才能让消费者停住继续搜索其他产品的脚步。

移动互联网让整个世界越来越趋于大同，谁能做出不同，谁就能独树一帜。

4.6 QQ 的抓眼球战略

在移动社交飞速发展的今天，QQ、微信、微博、易信、陌陌等，社交软件层出不穷，越来越多的商家也都瞄上了这块肥肉。因此，很多人倾向于 QQ 营销，那么我们应该如何让营销信息在 QQ 上的传播更加吸引眼球，用新奇来抓眼球驱动社交传播呢?

QQ 作为新媒体营销的重要手段，在实际的工作中发挥着重要作用，而 QQ 的营销形式有很多，公告、相册、聊天、名片、邮件等，每一种形式都有自己独特的吸引眼球的方式，我们来看看 QQ 聊天是如何抓人眼球驱动社交传播的。

4.6.1 怎样利用 QQ 聊天框抓眼球

我们在铺天盖地的聊天框中，注意到的永远是那个特立独行的聊天框，可见聊天框的与众不同有多重要，它可以有效地吸引客户的眼球。我们该怎样设置独特的 QQ 聊天窗口皮肤呢?

（1）我们可以开通 QQ 会员，会员特权里有各种各样、千奇百怪的皮肤图案，有很多大家喜欢的明星，吴亦凡、张艺兴、鹿晗等小鲜肉的代表，刘德华、吴秀波等“大叔”，还有宋茜、章子怡等靓丽女星的代表，以及各种植物、动物、各种卡通形象等。

（2）每逢节假日，腾讯均有福利活动，我们可以通过刷背景，抢炫彩聊天框，抢到的聊天框马上即可使用。

（3）QQ 的聊天窗口字体、背景、大小、表情等都是可以自己设定的，一个博人眼球的背景设计，会成为吸引粉丝的一大亮点。当然，QQ 聊天的表情也是引人关注的一大特点。一个形象、鲜活的 QQ 表情更能引发用户的共鸣，达到通过 QQ 聊天框抓人眼球营销的效果。

除此之外，QQ 聊天框也可以通过播放音乐来抓人眼球。用户在腾讯 QQ 开通绿钻功能，就可以在聊天框点歌观看 MV。这对于通过聊天框传播营销信息的商家来说，无疑是一大喜讯。通过向用户点歌的方式，商家可轻松引发与用户之间的互动，商家的营销信息配上动听的音乐就像通过《来自星星的你》火起来的炸鸡配啤酒。音乐营销应该也会使大家津津乐道。

当然，QQ 聊天框的震动功能，也已经成为商家发送营销信息，提醒用户浏览的简单粗暴却抓人眼球的方式。商家将营销信息通过聊天框发给用户，再通过“抖一抖”提醒用户浏览信息，将营销信息展现在用户眼前，用户可以不用点击就轻松阅读。简单的方式有效的手段使 QQ 震动功能成为大受商家欢迎的营销信息载体。

4.6.2 QQ 头像、昵称设置技巧

任何一个网友添加我们的 QQ 号之时，首先看到的就是 QQ 头像和昵称。具有诱惑力、吸引力的 QQ 头像与昵称，会立刻让对方知道你是做什么的，会给自己的带来哪些有价值的信息，一目了然。

在设置 QQ 头像与昵称时，一般来说，我们需要遵循以下两个原则（见图 4-7）。

1. 大家一看就知道你是做什么的

无论头像还是昵称，都必须覆盖关键词，例如面膜、手机等。越是精准，别人就越是知道你是做什么的。

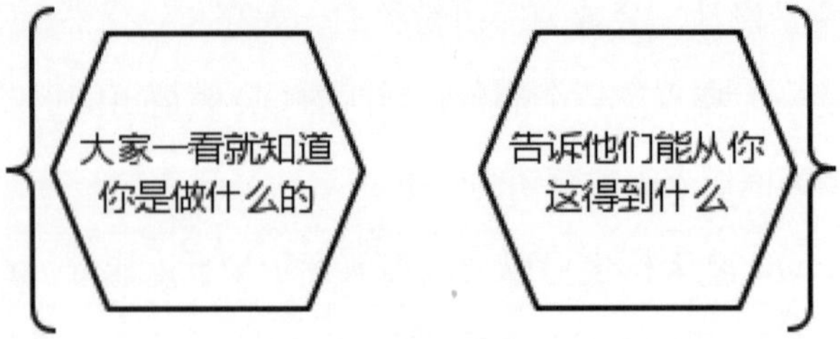

图 4-7　QQ 头像和昵称设置的原则

2. 告诉他们能从你这得到什么

在设置关键词的基础上，进一步丰富昵称与头像，如主要做面膜批发代理，可以写“×××× 面膜批发代理”；如有华为手机货源，可以写“华为全系列手机代理”，这样无论普通客户还是批发商看到，都能第一时间注意到，降低沟通成本。

做好这两点，我们就吸引到了 QQ 好友的注意。这时候，再进一步完善签名、说说、空间等内容，QQ 平台就形成了一个体系完整、内容详尽的引流大平台。

4.6.3　利用 QQ 群头衔抓眼球

所谓利益，无外乎两个字：名利。众筹给社群用户带来了利，满足了经济上的欲望；接下来，不妨满足他们对于名的追求，填充精神上的空缺。

不过，社群对于名的共享，显然相比利要难了许多。去中心化原则，决定了社群不可能出现强硬的管理层。但对于名来说，很大程度上需要通过权力来实现。同时，等级化的模式，例如会长、顾问的模式，又是很适合社群文化，这会造成社群成员之间的彼此割裂。社群的运营，依靠的是每一个人，谁都有发起活动的权力，而不是集中于某几个人的手中。

不过换一个思路，我们依然可以找到给用户带来名气上的利益分配。移动互联网时代，是一个“红人”的时代，如果拥有了一定知名度，那么必然会产生强大的影响力。所以根据这个原则，我们可以结合移动互联网的游戏模式，增加一些荣誉勋章、贡献值排行榜、人气值的元素，如图 4-8 所示。比如，如果一个会员是社群里的耍宝人物，那么不妨授予他一枚图特别的“萌宝”勋章；另一个人是社群里的技术专家，那么不妨授予他“大神”的勋章。这种勋章既避免了因为地位划分而造成的社群平衡被打破，同时也满足了用户内心深处的虚荣感。就像 QQ 群从 2014 年推出的头衔模式，会根据一个人的活跃度相应生成，就很值得学习。

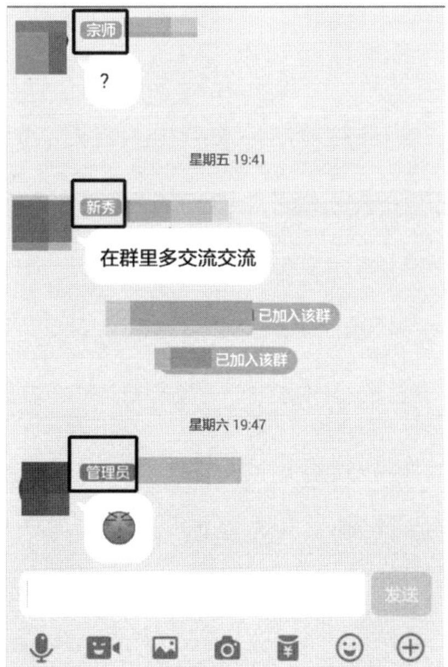

图 4-8 QQ 群内用户的头衔模式

4.7 在好友状态中融入互动性，引发传播

随着移动社交时代的到来，怎样给用户植入广告信息，在移动社交传播中引起好友的注意，实现营销信息的流动，成为互联网时代对新兴商业模式的新要求。

当然，营销信息的流动，是关系营销信息传播的决定因素，而移动社交好友之间的互动，就像是信息传播的加速器，互动越频繁，信息越流向大众。

而决定好友之间互动的影响因素很多，只有有价值的信息才能在大众传播中脱颖而出，形成口碑效应，因为用户普遍排斥的是干巴巴的机械式语言或者与自己利益关系甚微的广告语。

4.7.1 个性签名设置

QQ 个性签名，是非常重要的一个营销渠道。除了说明自身业务之外，它还可以展示很多细节，如活动发布、新品上架等。可以说，QQ 个性签名就像淘宝店铺的“公告栏”，寥寥数语就能立刻吸引好友的注意。

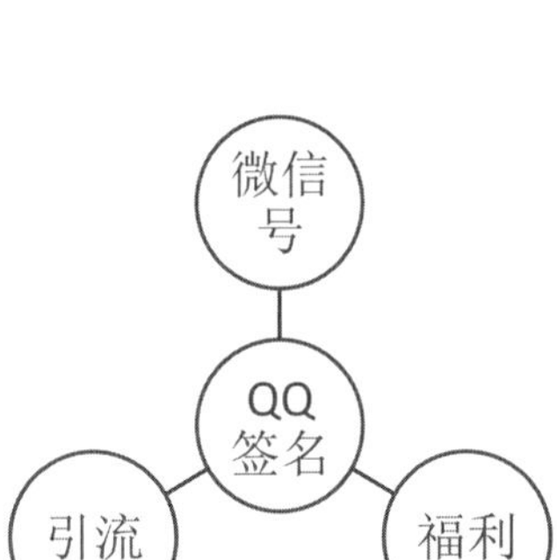

图 4-9 QQ 签名营销有大用

例如某营销人士的 QQ 个性签名，可以既写明他的微信号，同时还提示“加好友享福利”，那么一旦有好友看到，并且恰巧想要进军移动电商领域，或许就会第一时间加营销人士的微信账号。这样一来，引流水到渠成！如图 4-9 所示。

同时，QQ 个性签名还可以随时更改，那么我们可以以每周一次的频率进行修改，不断增加新的介绍，这样，好友就会与你的 QQ 号产生黏合度，最后养成定期关注你的 QQ 的习惯。

还有一个小技巧，同样需要掌握：把 QQ 个性签名设置成跟空间说说同步，只要你有说说更新，那么你个性签名也会更新。无论登录空间，还是打开 QQ 对话框，对方都可以看到你的动态和信息，引流效果成倍提升。

4.7.2 如何在好友状态中融入互动性

如何才能既不引起用户的反感又不显得突兀地向用户传播营销信息呢？在好友状态中融入互动性，就是最好的传播方式。

当然，在好友状态中融入互动性的同时，如果能够带着感情植入营销信息，既可增加与好友之间的感情又可以引发传播，可谓一举双得。那么我们应该采取哪些方法和技巧在好友的状态中融入互动性，引发传播呢？

1. 带着真情实感

真正从用户出发的营销信息，才会被大众所接纳。即使是生产者，与消费者的关系也不是对立的，有一句话不是说“生产者也是消费者”嘛，所以如果我们可以换位思考，将心比心，用充分体现真情实感的广告往往会比用冷冰冰的机械式语言更能让人接受。

例如：2015 年 5 月 13 日戛纳电影节开幕当天，范冰冰在欧莱雅的公众号平台前，发了一条朋友圈状态：“我在戛纳，你来吗？”这条状态看似是范冰冰带着感情慰问朋友圈的一条状态，大大的自拍背后却是欧莱雅的公众号，这无疑是为欧莱雅进行的一次品牌宣传。

范冰冰的好友状态，似乎拉近了大家的距离——在与范冰冰消息互动的过程中，大家可以了解其行程，拉近了与偶像的距离，也让范冰冰走下神坛，给大家留下了随和的印象，但其与好友互动的背后，受益的却是欧莱雅品牌，这就是好友状态互动的感情营销。

2. 丰富的营销内容

营销信息内容丰富，已经成为现在移动社交经济大环境下的必然要求。微博的长尾效应告诉我们，好友的好友的力量是很大的。如果在社交媒体上，大家不约而同地转发同一条信息，思考的疲劳会让受众的参与积极性减小，因此，丰富多彩的营销信息即信息的个性化，便顺理成章地成为了让用户接受的必要条件。

例如，康师傅的新品“优悦”的推广，利用多平台开启微公益，利用明星效应拍摄“优悦”微视频，为“优悦”代言；搭载公益项目，共建母亲水窖，组织线下活动，参与的网友成为“优悦”公益人；与QQ合作，公益水滴表示好友之间的社交距离。“优悦”丰富的营销内容，为其信息的传播开辟了一条广阔的道路，引发公益接力捐水热潮。

优悦成功营销的背后是丰富的营销信息的支持，如果单一的营销信息狂轰滥炸，只能引起消费者的反感情绪。

当然，同样以丰富的营销内容取胜的还有潘婷的品牌营销。潘婷利用多个社交平台，腾讯网、QQ空间等，为活动网站造势宣传；利用主题微电影引起女性族群的共鸣，实现有效沟通；社交互动方式也非常丰富，可以通过PC端或扫二维码进入移动端，点赞心目中的女神，在朋友圈可以分享传播。一时间，潘婷活动受到大家的追捧，潘婷也顺势实现成功营销。

3. 简单的传播过程

有时用户虽然对营销信息感兴趣却碍于传播的复杂过程，不得不选择放弃，所以简化传播方式更能成为激励用户分享信息的重要手段。

营销信息的“一键分享”已经成为促进用户分享信息的有力工具。试想，如果把所有的互动性功能融为一体，用户操作起来就会更方便了，同时在利益的驱使下，营销信息的传播就会变得更加容易了。

由此可见，激发用户们的传播热情，找到用户传播的直接推动因素，是企业需要努力的方向。

Part 5

有颜有料：

内容为王，强关系引爆

5.1 以“有料”内容营造口碑，构建信任

口碑营销主要通过朋友圈、论坛、微博、空间等客户终端进行口口相传，让用户在毫不知情的情况下参与到营销过程中来。在此过程中，年龄不是问题，空间不是距离，甚至用户不必在乎对方是陌生人还是熟人，都能够对产品介绍进行评价或转发，成为口碑传播链条上的一员。

相比于传统电视广告和现场促销等传统手段，口碑营销显然更适合目前的市场，而其优势在于，能够让来自四面八方、五湖四海的人，说出对产品最真实的看法，为用户带来极大的信任感，同时对产品进行推广。

新时代的到来，在为各个行业带来发展春天的同时，也深深地影响了了传统行业的发展轨迹，一些新的商业理念层出不穷。

韩都衣舍创始人赵迎光曾经表示，传统产业时代，制作环节与推广环节所需投入的成本比例约为 1:4，而互联网时代的到来，完全颠覆了这一模式，产品本身的投入要达到 8 成，剩下的两成用来做传播，并引爆市场。

显而易见，向我们迎面走来的，是新内容引爆市场的新时代。这种端倪在电商圈早已是公开的秘密，比如一炮而红的“褚橙”，这一成功案例使其幕后推手成为各大公司争相挖掘的稀世人才。

事实上，在上亿网民频繁使用移动智能设备、各种平台日益完善，且新一代网民人口红利逐步放量的时代背景下，互联网价值格局正在向新内容产生倾斜。最重要的是，这是一场不可逆转的改变。

什么是互联网时代的新内容呢？最直白的理解就是“有料的内容”。凡是能够引爆受众群体的内容，都可以称为“有料的内容”。

来看看“京选”是如何利用“有料的内容”扶摇直上的（见图 5-1）。

图 5-1 “京选”让泸州老窖成销量之王

“京选”是泸州老窖和京东联合打造的产品，也是第一个基于电商经营模式面向互联网受众推广的白酒品牌，其从定价到推广，完全流淌着“互联网 +”的新鲜血液。

定价上，“京选”将毛利降至最低，并采取电商专供渠道。

在推广上，“京选”将目光放在了微社群上，在行业内实现了首次使用沉淀粉丝群、举办社群发布会等口碑营销方式，在短短几天内，引起大量用户关注，迅速点燃市场。

推出半个月，“京选”就因为“卖的好，喝的好，评的好”的评价，成为众多消费者购物清单上的产品。在京东 2015 年 6 月 18 日举办的“6 · 18”周年庆上，“京选”更是犹如一匹黑马，成功登顶酒类销售第一的宝座。

在各个企业在推广方式上“束手束脚”的时刻，“京选”是如何快速实现品牌积累，并成功使品牌效应转化为销售的呢？

其实，细看之下不难发现，口碑营销与传统推广方式一样，最大的赢家同样是那些“粉丝”量庞大的群体。所以说，无论是否涉及口碑营销，营销活动都是在考验产品的粉丝量。

小米手机可以说是国内利用网络营销手机及衍生品的始祖，那么小米是依靠什么实现发展的？肯定是那些“发烧友”，也就是小米手机的粉丝。

没有什么方法比建立粉丝群体更能适应未来充满碎片化和标签化的市场。

收买粉丝群体最好的方法是什么？答案还是——“有料的内容”。

那么，具体而言，什么样的内容才算是“有料”的内容呢？

5.1.1 关注用户参与感的内容

小米科技创始人、董事长兼首席执行官雷军曾表示：“创办小米的时候，我的想法就是，不管公司未来能做多大，我们一定要把小米办成一个像小餐馆一样，能让用户参与进来的公司。”

雷军亲笔作序，小米科技有限责任公司副总裁黎万强所著的《参与感》一书，更可见参与感的重要性。作为小米口碑营销内部手册，抛开图书在内容上对“参与感”三个字的充分体现，仅就其标题而言，便可知“参与感”是小米公司最常用，也是最有力的口碑营销武器。

在互联网时代，任何通信社交平台，都能够成为传播渠道，营销是一件十分简单而又复杂的事情。因为它没有表面看起来那么简单，只有当受众认为这条信息有价值，他才会转发、传播。这种价值体现在有趣、引人深思、感动、满足好奇等。

反过来想，如果一条消息对受众毫无价值可言，他们就不可能进行传播。

想要在网络营销口碑战中胜出，就要借鉴小米公司的经验，用具有“参与感”的内容，增加受众的对于产品的主人公意识，使产品能够迅速传播，引爆市场。

5.1.2　包含免费赠送信息的内容

无论是线上还是线下，很多人选择以“集赞送好礼”“发朋友圈送好礼”“加好友送好礼”等方式增加粉丝数量。这种方式要求使用者必须注明更多重要信息，包括礼品是什么、兑换方式是什么、产品是什么等内容。同样地，扫码送赠品没有太多技术含量，是移动互联网时代，在用户群强媒体与强关系的冲击下，所衍生的最简单、最常见的“加粉”方式。

任何事物的发展都有其利弊，这种免费送好礼也成了许多不法分子牟取利益的方式。所以，对于消费者来讲，并不是所有市面上的信息都可以传播；对于商家来讲，保持信誉是最重要，也是最基本的事情。

5.1.3　包含产品负面信息的内容

从某种意义上说，负面消息同样“有料”，甚至是增加“粉丝”最快的方法，但可惜的是，通过这种渠道增加的都是“黑粉”。“黑粉”不仅不会传播产品信息，不会购买产品，反而会将有意购买产品的顾客也转变为“黑粉”，对企业形象和经济效益造成巨大损失。

可见，在口碑营销中，无论内容多么“有料”，产品质量才是最关键的因素。

商家想要获得收益，必须保障良好的产品品质，才能树立形象，为产品赢得口碑奠定基础。

5.2 善于搭建场景：紧抓社交的原始驱动力

移动社交中永远不会冷清的话题永远是关于人性的，比如关于外表，很多女人渴望自己更美、更白、更瘦，而很多男人渴望自己更帅、更有钱……这些最原始的人类欲望永远都掺杂在社交当中。

在移动互联网发展的过程中，越来越多的终端都在向着人类最本质的需求发展。譬如，男性在社交中可能会以获得异性好感为动因，一些软件应用便利用男性这一爱好，植入强化两性社交的功能。这些移动终端在正常运营期间，两性社交需求的衍生产品被逐步弱化，取而代之的是更加常态的社会需求。值得注意的是，虽然两性社交发生弱化，但不会消失。再譬如，对于女性用户而言，社交工具往往也是展示自我、获得更多人关注的平台，也这些这些需求，促使人们活跃于社交平台上。

5.2.1 原始驱动力始终是内容的爆点

微信和当初小米公司开发的米聊，功能都比较相似，但不可否认的是，微信做了各种需求功能的尝试创新，从最初的“摇一摇”，到后来的“附近的人”“漂流瓶”，这些创新的功能，都包含着“两性社交”的影子。

而另一款更明显体现“两性社交”需求的软件——陌陌，更是依靠两性之间的原始驱动力获得了巨量的用户。不过，只靠原始驱动力是没法让产品发展壮大的，所以近年来，逐渐拥有稳定用户的陌陌，一直通过地铁广告、电梯广告、电视广告等方式来改变其固有的形象，希望引导用户涉及更多社交领域（见

图 5-2）。

图 5-2　陌陌带给用户的世界

陌陌利用兴趣小组、同城活动等功能，增强用户黏性，提升了用户的互动率，随后开通了“到店通”，实现商业版图的扩充。但这一切仍是起源于人类原始驱动力。特别是对于男性而言，在移动社交的原始驱动中，对异性的好奇总是重要的影响因素。

再比如诸多女性手机中必备的软件——美图秀秀，这款应用一经推出便占据了大量女性的手机内存，尤其是在智能机逐渐普及后，几乎人手都有。美图秀秀的经久不衰，再一次印证了一个道理：在追求颜值的今天，这不是一个人的美图秀秀，它是所有人的美图秀秀（见图 5-3）。

特别是女性，天性爱美，总会把自己最美好的一面展现给别人。尤其在社交平台上，美好的形象总能得到更多人的关注和称赞。而美图秀秀正好帮助她们解决了这样的痛点。

图 5-3　美图秀秀的效果图

在这个世界上，高颜值并不是与生俱来的，但美图秀秀却能帮助许多人遮掩女人脸上或体型上的小瑕疵，获得颜值较高的照片，满足大家的社交需求。

而这种需求，从根本意义上来说，也是源于原始驱动力，源于人的天性。这样的内容，正好能够契合用户内心的痛点，能轻而易举地激发用户的好奇心，从而引爆传播。

5.2.2　搭建场景，持续原始驱动力的魔力效应

仅仅有了原始驱动力，也只是社交产品发展的基础，做好基础工作后，接下来要做的就是让产品不断更新，让用户在运行过程中发现更多能够满足自身要求的功能，从而获得惊喜，与产品产生更强的黏性。

很多产品并不懂得如何深度抓住用户的“心”，当最初抓住用户的原始驱动力失去效应后，就会渐渐地被用户嫌弃，最终消失在用户的生命中。对于这样的产品，需要注意什么才能立于不败之地呢？答案是，产品的场景化。

场景化就是通过快捷、方便、易接受的方式，将产品的特点成功导向目标人群，并使产品特征融入用户生活中。

产品场景化最好的案例就是支付宝男女红包。在支付宝 9.5.1 及以上版本，我们可以看到一项新功能——男女红包。用户可以通过发“群红包”，在发红包界面的下部，找到“谁可以领”选项，其默认选项是“任何人”，但用户可以根据自身需求，选择仅可以让男性领取或仅可以让女性领取，该选项对发红包者同样适用。

支付宝男女红包将艺术和技术相结合，使时下最流行的“小而美”用户场景能够与产品功能融为一体，在增强用户使用度的前提下，激发用户的参与感，顺便完成“绑定银行卡”等重要战略目标。

简单来说，支付宝男女红包其实是醉翁之意不在酒。通过某些功能，让用户在使用的过程中产生快感，在不知不觉中实现产品开发的根本目的。

社交的原始驱动是“性”和“脸”，但不是只依靠这两种“点”，就能打开市场这个“面”的，我们要做的远不止这些。

5.3 营造荣誉感，让社交体验“高大上”的7个办法

社交营销，其实是思维转变为具体使用方式的过程。

在社交营销领域，无论是杜蕾斯，还是可口可乐，一直以“接地气、无下限”的形象来论长短。一时间，“接地气、无下限”成为许多品牌走入网友世界的最佳形象。

所谓物极必反，部分自媒体在十分接地气的同时，也给营销带来了困扰。因为受众或许并不是购买群体，只是来看热闹、打酱油的群众，而真正有购买欲的人，却因为对接地气的文化不感冒甚至厌恶，导致对产品产生反感。为了在网络中生存，改变原有形象，最终却“掉粉”严重的案例不在少数。

这样两极化的现象，使很多人对于社交营销的未来动向还处于观望状态。然而先行一步的人告诉我们，社交营销除了采用十分接地气的玩法外，还有更加“高大上”的玩法。

交朋友用的是心，做产品同样如此。尽管有些接地气的宣传会让受众认为有趣，但仍不可排除部分网友十分看不上品牌“卑微到尘埃里”的行为。

宝洁公司曾经在社交营销上一改适应“接地气”的作风，使用适应“白富美”群体的形象，这一次改变，取得了相对成功的效果，为社交营销带来了新的突破口。

当然，在社交媒体面前上演“高大上”的情节，并不是用钱就能砸出来的。在日新月异的互联网时代，如宝洁一般的品牌是如何打开社交营销的突破口的呢？

5.3.1 改变“矮穷矬”气质

俗话说，想要改变一个人的钱袋，首先要改变一个人的脑袋。同理，想要让社交高大上，首先要改变“矮穷矬”气质。要知道，“矮穷矬”气质不是与生俱来的，而是为了适应网络生活环境而练就的，更成为许多年轻人为自嘲而贴上的标签。大多数人本意是在失望的生活中，找寻一丝慰藉，但如果这种标签已经成为事业上的绊脚石，那就不得不除掉它了。打破“矮穷矬”形象的第一步就是改变思想，只有思想真正接受了，才能在行动上有所改变。

5.3.2 树立“高大上”的消费观念

说到花钱，很多人可能更注重物质方面的消费，比如购买衣服、包等。但物质消费在某些层面上是比较低端的消费，当物质充裕时，精神消费就变得更为迫切和高端。

宝洁为此提出了，女人对自己好一些，将精力放在投资自身，而非身外之物上，并为“白富美”下了定义，即把金钱花在自身，做真正的“白富美”。此外，宝洁公司推出了手机 H5 小游戏《白富美养成记》，向女性传递更加高大上的消费理念。

图 5-4　宝洁的“白富美养成记”页面

5.3.3 充分推广账号

现在很多社交媒体都能够彼此链接。假设你手中有一个微博账号，就可以使用微博账号关联 QQ 账号、微信账号、人人网账号等社交媒体，这样，你只需要点击某个按钮，就能够在同一时间发布多条信息。当你在空间发布一条说说，这条内容便会同步到微信朋友圈，便可以扩大宣传范围，同时节省了时间。

5.3.4 不止一次地展示

在信息和时间碎片化严重的时代，冗长的内容会得到受众的一致差评，除非你的东西足够好，能够让受众产生继续阅读的兴趣，否则内容不宜过长。更重要的是，即便是短内容，也不应该连续发好多条，这样会使受众产生反感，就像是持续不断的垃圾邮件，让受众产生“取关”的冲动。一般情况下，每天保持三到四条信息即可，而且一定要保证内容有价值，而非空洞的广告。

5.3.5 有价值的文案

所谓的内容有价值，不是让你向谁推销某个产品，而是用你的方式展示产品，告诉受众这款产品能够解决什么问题，能够为消费者的生活带来什么积极影响。最好的方式是通过故事情节等具有创意的内容，在内容中体现产品的优势，而非直接告知天下。这样做，不仅能够让客户了解产品，还能让客户产生共鸣。

例如，依靠一只狗和一只猫走红网络的知名博主“回忆专用小马甲”，在帮某项产品做广告时，有自己独特的方式。他最常“利用”自己的猫咪（端午）和狗狗（妞妞），通过一个故事引出来主题。2015 年间，UC 浏览器推出了“随手刷出5000万”活动，在活动期间，用户刷新UC浏览器主界面，有机会获得奖品。“回忆专用小马甲”利用配图＋文字的方式，直接将“端午”和“妞妞”拟人化，并号称“妞妞希望通过自己的能力刷出吃不完的狗粮”。

虽然所有人都知道“端午”和“妞妞”不可能刷新网页，但是这条微博仍让人忍俊不禁，并且同时也了解了活动规则以及部分奖品。想对于枯燥的文案来说，图文并茂且有故事情节的内容的确是能够激起人阅读兴趣的“有价值文案”。

5.3.6 向客户反馈

社交营销产生的主要背景之一，就是和客户进行互动交流。当客户在你的内容下进行评论或提问时，一定要及时做出回复，并且保证答案正确。给予客户高质量的反馈，不仅是对客户的尊重，更证明了你认真阅读了他们的问题，细心地找到了答案，并就问题作出思考。和客户之间的开放式对话，增加了营销成功的可能性。

影片《第三种爱情》在上映前，不仅主演团队在多个城市进行了声势浩大的路演，在微博上也发起了“刘亦菲宋承宪聊三爱”的话题。除此之外，主创团队还从众多粉丝留言中，抽取含有代表性的部分留言及问题，对其一一回答并向粉丝的支持致以感谢，在粉丝群体中引起了不小的轰动。

从某种意义上，这也使粉丝产生了足够的“荣耀感”，增强了粉丝的观影体验。

5.3.7 贵在坚持

社交营销不是一蹴而就的事情，需要坚持，坚持，再坚持。如果在一次交流中，你脱离了群体，等你重新来过，就会发现当时走过的路已经完全看不到了，而你的客户也早已取关，不知所踪。半途而废的确与社交营销的理念相悖，所以，无论遇到什么情况，你都要坚持。只有坚持不懈，才有可能实现营销的目的。

事实上，上述 7 个论点都是关于社交营销最基本的观点。

千里之行，始于足下。如果不能完成最基本的任务，那么后期的社交营销必将面临失败的结局。最好其中任何一点，都需要付出极大的努力，也正因为如此，才能够获得丰厚的回报。

5.4 兴趣社群构建，强化社交分享关系

随着电商产业的发展，许多问题随之暴露出来：渠道和流量成本逐步增加，市面上转化率逐渐下降，红利渐渐消失……种种迹象表明，那个以“流量＋转化率”打天下的时代已经远去。

摆在我们面前的将是什么呢？是社群营销。那么什么是社群营销？

社群不是在 QQ 群、微信群中发广告；社群营销不是在网络上卖衣服；社群营销不是在门口放上二维码，扫码、加好友、领礼品；社群营销不是滔滔不绝地向受众宣传产品……

社群应当是一个充满温暖与信任的集体，而社群营销，就是利用专业的内容输出，在某个领域内建立信任关系。它的特点是：利用社交平台沉淀用户，并与之建立信任关系，为其提供相符合的产品或服务，使流量变现。

5.4.1 信任是基础

很多人不懂得区分社群电商和“流量＋转化率”电商，下面通过一个例子来解析。

几年前，一个名叫“马佳佳”的 90 后美女“火”了。她的成名不是因为长得漂亮，不是因为身材特别好，而是因为她在卖情趣用品。她的爆红在许多人眼中并不算什么，生意不佳，最后生意做不下去在很多人看来都是意料之中。

我们来分析一下，马佳佳究竟是不是社群电商。

马佳佳通过自己的个性和大胆的言论获得了很多追随者，但自始至终，她都像是一个网红，只顾“吸粉”，没有表达行业内最需要的专业知识，以至于

粉丝对她没有信任感。很多粉丝对马佳佳这个人还是认可的，但是却不知道她的产品是不是靠谱，如果有购买需求，会选择老牌子，而非马佳佳的新品牌。

由此可见，她所做的并不是社群电商，而是“流量 + 转化率”电商，因为她和客户之间缺乏信任。

为什么说是缺乏信任呢？因为马佳佳和客户之间，维持着一种浅浅的信任，不然客户不会认可她这个人。但马佳佳建立的信任维度太窄，仅用爆点策划和营销传播吸粉，不足以支撑她的产业链条发展下去。

5.4.2 强化社交分享关系

支撑社群社交发展的最大因素是信任，不仅要让客户相信你，还要用专业度让客户相信你的产品，但社群营销只有信任也是不够的。如图 5-5 所示。

1. 观念统一

在社群中，共同的价值观、兴趣爱好、商业利益，是决定社群能否持久、活跃、快速聚焦的核心。只有将这些观念统一，或者将拥有统一观念的人聚集到一个社群中，才能保障社群的稳定。

2. 百家争鸣

社群不是一两个人的集合体，而是很多人组成的大集体。虽说人多力量大，但也无法改变“人多事也多”的现状。作为建立社群的人来说，他的职责应该是做好一个服务于大众的人，而不是一名独裁者。

3. 重质不重量

曾经有人在短短的两个月内，建立了近千人的收费群，为此付出了大量心血。可惜的是，这个收费群最终没有成为社群。衡量社群质量高低的因素不是人数，而是质量。试想一下，如果你有一个上万人的社群（20个左右500人的群），但每一个人都是索取者，那么这个社群还能成长吗？

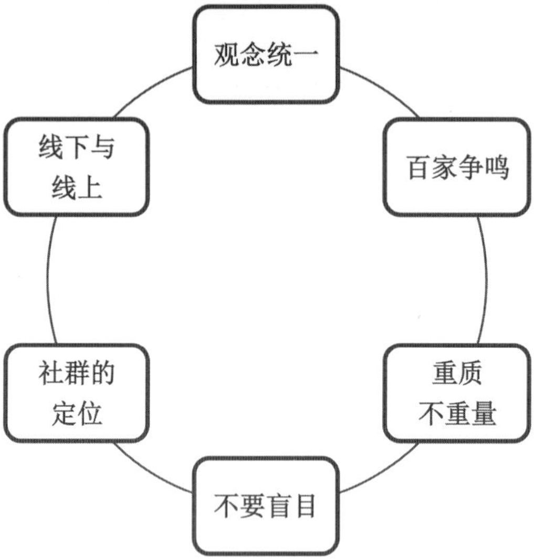

图 5-5　强化社交分享关系的策略

4. 不要盲目

起步阶段的内核是社群最重要的一件事。简单来说，就是社群通过什么创造价值，将什么作为价值观的主导因素。所以，社群的第一批成员，必须十分认可社群建立者以及社群文化。社群创立者千万不要盲目招人，要坚持宁缺勿滥。早期可以用金钱建立门槛，让愿意为社群付出的人加入。门槛不一定是靠金钱建立的，也可以是其他要求，但不能没有。

5. 社群的定位

社群是成员奉献价值的场所，而不是索取价值的地方。有些社群需要依靠

“红包”维持成员之间的黏性以及活跃度。很多时候会造成“有红包，有人来；没红包，没人来”的局面。久而久之，社群建立者对社群失去信心，不愿在社群发展上努力，会对社群不闻不问，任其自生自灭。

6. 线下与线上

有句话说得好，“我和你在社交软件上聊得热火朝天，见了面大家却一言不发”。尽管我们能够隔着屏幕，借助互联网找到与自己志同道合的人，但不可否认的是，这种通过“一根网线”建立的关系，远没有我们想得那么亲密。若是不在现实中见面，网友很难产生真正的默契与依赖。所以，社群成员时不时地要组织聚会，增加成员间的黏性。

社群不是一个空壳，而是充满人类智慧的生命体。无论是宗教还是学派，从根本意义上讲，都可以是一种社群，那些正规的直销企业，同样是社群生命力的重要表现形式。

在移动互联网时代，时间、空间的界限已经不是问题，任何人都能够透过自身向外输出，找到志同道合的朋友。在维护共同利益的目标下，构建社群基地，社群成员共同努力，让社群变成强有力的生命体。

小米手机系统的“直系亲属”除了雷军团队外，还有小米社群。是小米社群的100个梦想赞助商，助力小米手机成为“发烧友”爱不释手的东西，小米手机在线直销模式的成功，也有社群的功劳。

足以见得，无论你是否接纳社群经济，它都在以意想不到的速度侵袭移动互联网世界，为人们带来无数的惊喜。未来，每一个消费者品牌都将受到社群的影响，社群时代正昂首挺胸，向我们走来。

Part 6

社群引爆：

移动社群创造更大营销窗口

6.1 如何准确寻找目标兴趣社群

社群由个体所组成，但是个体有千万种变化以及各种各样的行为模式，因此,单一个体会的行为模式很难掌握。但是群体行为模式能够呈现一定的规律性，很多品牌社群都聚集在某一社交平台，形成社群营销或者社群战略。

根据不同的特性，社群可以分为以下几种（见图 6-1）。

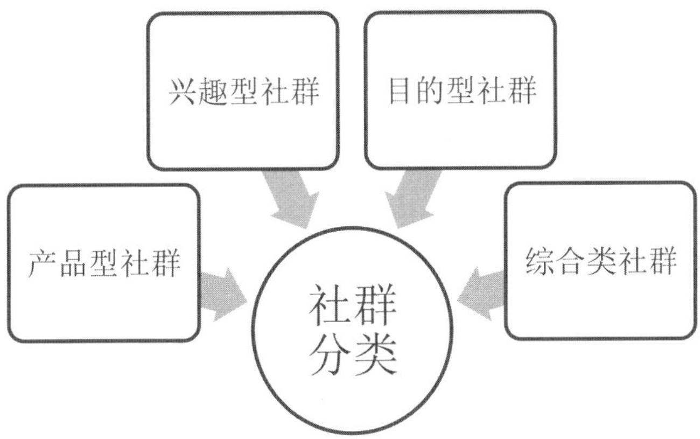

图 6-1 社群分类

1. 产品型社群

这是以消费者对产品的情感为纽带而建立的，哪怕这个产品在开发中，也可以形成社群。只要产品吸引人，只要有对产品热爱的用户，这样的社群就能长盛不衰。

2. 兴趣型社群

这类社群是由各种各样的兴趣小组形成，内容五花八门，例如旅游、美容、音乐等。当然也会出现类似炒股、炒黄金等专业类的社群。大家有共同的兴趣，相互之间就有可以互动交流话题。

3. 目的型社群

这类社群是指社群存在一个特定的目的。例如，有的社群是以学习为目的，学习制图、学习英语等。目的型社群的目的，是帮助大家解决共同的目标问题。

4. 综合类社群

这类社群包括的范围比较广，它包含上述产品型社群、兴趣型社群的一种或者多种。豆瓣属于综合类社群，虽然早期是兴趣型社群，但是经过长时间的发展，逐渐产生豆瓣同城、豆瓣小组等内容。

无论是哪一种社群，都需要有内容去充实，以增加用户的黏性和忠诚度，还要满足用户的需求。社群的规模很重要，若社群人数过少，很难发挥社群的效果。拥有足够数量的用户群，社群才能更好地发挥作用。

需要注意的是，社群与社群并非是封闭的，而是相互联系的。由于社群大小和影响力不一样，而且每一个数群成员有自己的选择，小的社群容易被大社群融合兼并，如同大鱼吃小鱼一般。

用户还需要找准自己的定位，因为社群是分等级的。社群成员的结构如图6-2所示。

外围（潜水）：外围的用户，只是松散参与。

入门（新手）：应邀的新用户，积极参与并分享努力成果。

熟悉内情（常客）：坚定的社群参与者。

成长（领导）：属于领导，促进成员参与，并与成员互动，以及进行社群管理。

出走（资格老人）：由于种种原因逐渐离开网络社群的成员。

外围（潜水）	· 外围的用户，只是松散参与
入门（新手）	· 应邀的新用户，积极参与并分享努力成果
熟悉内情（常客）	· 坚定的社群参与者
成长（领导）	· 属于领导，促进成员参与，并与成员互动，以及进行社群管理
出走（资格老人）	· 由于种种原因逐渐离开网络社群的成员

图 6-2　社群成员结构

在社群中，必须有一个活跃的灵魂人物，能够给社群带来强有力的生命力，甚至在交流过程中，能够擦起一串串火花。在社群中，还必须有一些活跃分子，能够带来一些趣味性的话题或者内容，引导其他成员带来有质量的内容，甚至能够激起一些外围人员广泛参与。

那如何精准寻找目标社群呢（见图 6-3）？

图 6-3　寻找目标社群的方法

1. 学会筛选人员

无论是用户还是群主，都要通过观察思考，此人（此社群）是否是我所需要的。可根据制定的相关标准选择，用户可根据社群的资历、大小、口碑等进行判断。

2. 价值吸引定律

有价值的人会相互吸引，而没有价值的人会逐渐远离核心层。当远离核心层，加入这个社群会变得没有意义。在社群中没有存在感的人，应反思自己的行为，毕竟付出和回报是成正比的。寻找并加入兴趣目标社群，这是用户进入社群的必经之路。

3. 创建者的能力决定社群的质量

在寻找兴趣目标社群时，创建人是最为重要的。社群作为典型的松散组织，创建人的重要性不言而喻。最为重要的是，创建人有想法，有创意，能够让大家心服口服，愿意追随，社群才有发展的意义和可能。

6.2 百度贴吧 +QQ 群的引爆策略

百度贴吧、QQ 群的出现，及其快速回复与时时互通的特点。为品牌与用户之间建立了全新的沟通方式。“全新的沟通方式使营销者创造出更深入的顾客涉入度和品牌社群的容纳感。”这是现代营销学之父菲利普·科特勒的一句名言。

社群的存在，借助于各大社交平台，例如微信、微博等，这都是社群运营的主战场。但它们也有本身不可忽视的的软肋——实现了人与人、人与企业的互动连接，这正是微博、微信的看家本领。不过，品牌与粉丝之间的互动门槛却非常高，一来不够直接，二来不能即时形成大规模的讨论。

6.2.1 百度贴吧 +QQ 群的优势

百度贴吧 +QQ 群的模式，显然更利于本地化社群的经营。百度贴吧与 QQ 群，都具备这样几个属性（见图 6-4）。

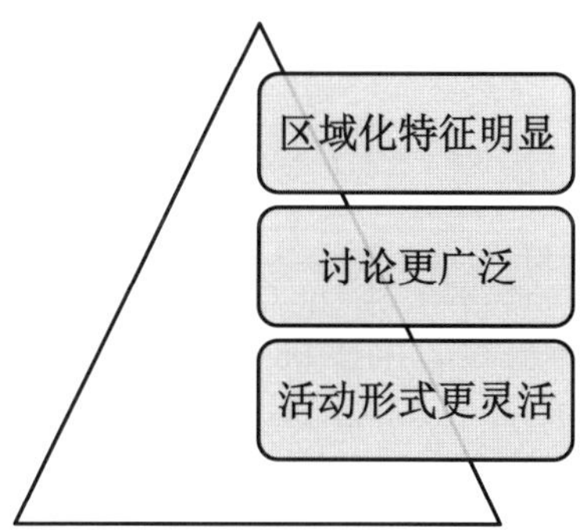

图 6-4 百度贴吧 +QQ 群优势突出

1. 区域化特征明显

无论百度贴吧还是 QQ 群，都有众多以城市甚至是社区、学校建立的社群组织，百度贴吧的内容，直接呈现于界面之中；QQ 群的对话内容，则会时常出现。因为它们本地化的特征，所以话题非常集中。

2. 讨论更广泛

去中心化的特征，在百度贴吧和 QQ 群中表现更为明显，只要不违反相应规定，那么无论你说什么都会第一时间出现，并且无论群主、吧主还是普通社员，都会共同存在。尤其是对于 QQ 群而言，所有的讨论都是实时的，因此一个有趣的话题出现，会立刻点燃社群成员的热情，有利于话题的迅速传播。

3. 活动形式更灵活

对于贴吧来说，置顶模式是一个非常吸引人的模式。只要贴吧中出现了一个很有价值的帖子，那么吧主就可以轻松将其置顶，尤其是对于活动而言，新老吧友进入贴吧就会直观地看到，所以很快活动或话题就能得到广泛讨论。同时，精品贴的存在，也能给本地化社群带来极大的帮助——品牌马上要召开怎样的活动？社群用户如何参加？一目了然。

正是因为百度贴吧与 QQ 群的这些优势，给本地化社群的精准营销提供了便利。运用好这两个社群平台，那么营销策略就会被最大限度地引爆。

6.2.2 活跃 QQ 群，带来不间断的活动

QQ 群的最大特点在于即时通信，因此对于本地化社群来说，几乎可以每天都发起一场活动，并以群通知的形式进行公告。笔者曾经在一个 QQ 群中，就曾见到这样的群公告。

第一天，群主发布：今天正月十六，本店年后第一天开业，今天前来就餐，每人获赠一碗小汤圆，看到的人速来！

第二天，群主发布：今天是小女三岁生日，中午不营业！晚上就餐者对小女说一句“生日快乐”，即可免费获赠两瓶啤酒！

QQ 社群中的成员几乎都住在这家餐馆的附近，所以这种即时、频繁的活动非常具有吸引力。尤其是当群主用一种生活化、调侃化的语言进行活动发布时，就会更加拉近与成员的距离。试想，如果你经常来这家餐馆就餐，看到这样的通告，会不会在群里讨论一番，又会不会约上三五好友一起前往呢？

这样的效率与高频次互动性，是其他同类社交完全无法做到的。而腾讯显然也看到了这一点，其不断推出的 QQ 新版本，显然更利于本地社群的发展。例如“真功夫”与网上订餐平台“饿了么”，都先后开展了“一元套餐”的活动，引导本地品牌与不同的 QQ 群建立合作的关系，及时进行传播和获取反馈。所以，做好 QQ 群的社群运营，就会让话题在本地精准传播。

6.2.3　与吧友尽心互动

与其他社群平台相比，百度贴吧的一个明显特点，就是独特的亚文化基因，因此，品牌要避免高高在上、自说自话，而需要俯身向下，与用户互动。而为了在特定区域形成精准化传播，那么品牌的重点，就应当集中于城市甚至商圈贴吧。

图 6-5 是出现于天津大学贴吧里的一个咨询帖，如果校区附近真的有螺蛳粉店快速进行回复，并将一系列的特色、优惠展现给吧友，那么喜欢吃螺蛳粉的天津大学学生必然会组团前往。一旦给这些学生们留下了良好的印象，未来再在天津大学的贴吧里制定针对学生群的优惠活动，那么就会迅速形成互动传播，久而久之螺蛳粉自己的社群也会逐渐形成。

建立自己的贴吧社群，也不失为一个好方法。这时候，如何找到第一批社群成员就成为了关键。店内张贴招募海报，并且说明相关福利，让用户主动进入与关注。不过相比较借助成熟的本地化贴吧，自建贴吧难度大了不少，很容易造成版面过分冷清的局面，因此并不做特别推荐。当品牌呈现区域化连锁发展，那么再进行贴吧的建设，这样会吸引到更多的用户进驻，独特的贴吧社群文化才能形成。多借助本地成熟贴吧，发布针对该社群用户特点的话题，这才是本地化运营的王道。

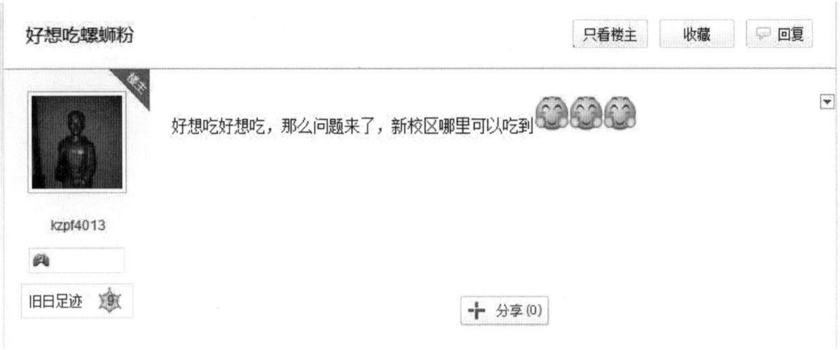

图 6-5　天津大学贴吧里的咨询帖截图

6.2.4　百度贴吧营销的小细节

百度贴吧作为百度旗下最为重要的产品，其引流渠道非常丰富和多元，甚至每个贴吧都有不同的风格。所以，我们应当完善各类小细节，将自己的引流渠道发展得更加完善。以下这几点，我们都应当有所注意，以此提升关注度。

1. 做好签名档

进入百度贴吧个人设置中心，我们可以看到“签名档设置”一栏（见图 6-6）。设置成功后，当我们发布帖子时，签名档就会出现在末尾处。而签名档，正是引流的渠道之一。

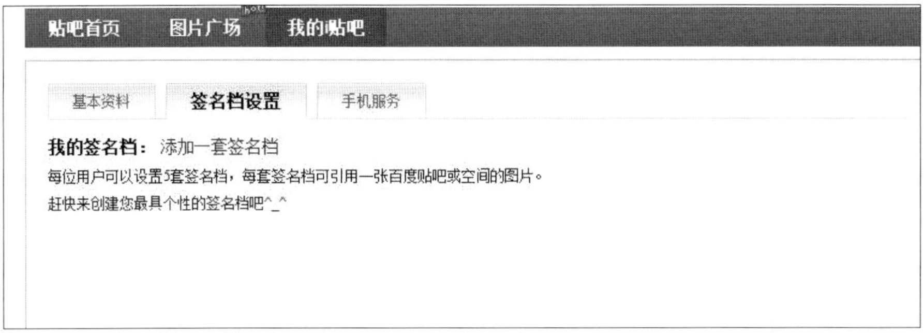

图 6-6　百度贴吧签名档设置

贴吧签名档同样需要审核，过分商业，如出现网址等同样无法通过。在这里，笔者给大家分享一个小技巧：设置动态图，如 GIF 图片，第一页不要有任何广告，而是在后面添加微信联系方式等，这样审核就相对容易通过。

2. 让自己的帖子保持热度

发帖之后要每天更新维护，即便没有人回帖，也要自己进行回复，尽可能让帖子始终保持在前几页。对于一些热门贴吧来说，几分钟就有可能被挤到了 5 页之后，这时候如果自己不选择顶帖，那么帖子被看到的可能性会越来越小。要明白，贴吧的帖子都是按照更新时间排序的，帖子一有回复就会被置顶，所以一定要利用好这个机制。

6.3 QQ 兴趣部落如何触发营销开关

作为社群平台的“小字辈”，QQ 兴趣部落的诞生时间较晚，但它所呈现出的生态体系却是最为完整的。无论从部落酋长、小酋长的设置，到社群领袖、活跃分子的组成，以及即时的动态展现，再到连接 QQ 群、微信的边界开放，可以说兴趣部落的诞生，就是为了建立社群。兴趣部落的落脚点就在于兴趣——以兴趣连接人与人之间的关系，打造出更完整的社群模式。

兴趣部落的天然社群属性，也让它拥有了更多的社群玩法，尤其是对于富媒体模式的推广与运作，更是不遗余力。既然兴趣部落已经给了我们诸多渠道和方法，那么只要稍加利用，即可借助富媒体化的多样性、互动性和包容性，彻底点燃社群的互动与交叉。

图 6-7　爱拍一族兴趣部落的欢迎画面

6.3.1 设置让人眼前一亮的欢迎界面

进入一个兴趣部落，我们会看到一张极富冲击力与娱乐性的欢迎界面（见

图 6-7），而这正是富媒体的集中体现。为了能让新成员愿意主动加入其中，这张欢迎界面就必须做到趣味性与指向性的统一，让人一看就知道这个兴趣部落是做什么的；同时，这个画面与文字还应当经常更换，给社群用户带来新鲜感，并形成社群话题。

对于欢迎界面和文案的制定，兴趣部落酋长不妨将权力下放给社群成员，每期通过轮换的方式，让每个社群用户都能积极参与。这样，所有人都有机会成为富媒体内容的制作人，积极性与互动性必然大为提升。

6.3.2　通告尽可能形式丰富

兴趣部落的顶部，以部落通告为主，例如如何加入部落，部落有哪些规则需要遵守。而这些，正是体现兴趣部落特点的内容。如果我们放弃传统的文字罗列，采用图文并茂，甚至是短视频的方式，那么就会产生非常好的话题效应。甚至，如果借助"美女效应"，找出部落里公认的"校花"录制通告视频，那么产生的影响力就会更加强大，如图 6-8 所示。

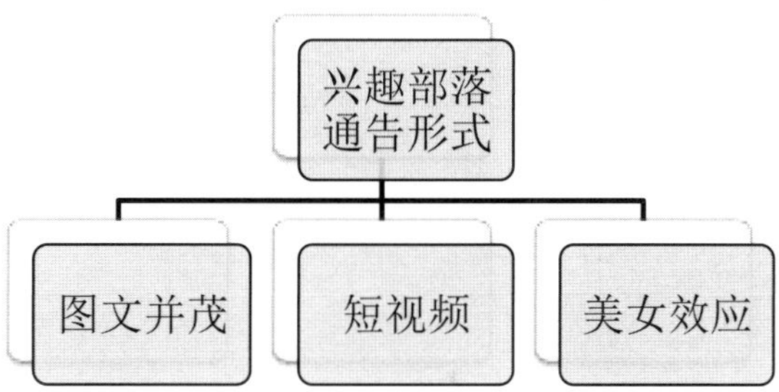

图 6-8　兴趣部落通告形式尽量丰富

不用担心，这样做是不是有些太过"热闹"，其实兴趣部落的主要参与者，在于 90 后甚至 95 后，在他们的眼里，互联网就是好玩的，如果连自己的个性都不能展现，那么为何要加入兴趣部落呢？

6.3.3 “加精”的帖子，尽可能是富媒体形式的

对于兴趣部落里的“加精”帖子，尽可能选择那种以富媒体形式表现的。因为“加精”的帖子，会第一时间出现在社群用户与关联用户的动态栏中，并且会在部落中出现一个小小的“精”字，非常具有吸引力。如果社群用户看到部落里的精品帖风格多样，自然会意识到这是一个活跃度极高的社群，并且拥有位数众多的“达人”，那么就会更加对部落产生兴趣，从一个普通用户晋升为资深用户。

图 6-9 所示的这种图文结合的精品帖，会带来极佳的视觉感受，因此更容易引导社群成员进入该帖。一旦这个帖子形成整个兴趣部落的现象级帖子，引流的转化率可想而知。

图 6-9 兴趣部落中“加精”帖要选择富媒体形式的

相较其他社群平台，QQ 兴趣部落还在初期的成长阶段，因此它的功能性还没有得到完全开发，因此部落酋长必须多多关注官方动态，及时将新的功能应用于社群之中。而在这个阶段，多多借助富媒体化的特点，可快速积攒人气、吸引用户，为社群未来的进一步发展打好基础，也许新的社群发展模式、变现模式就会出现。

6.4 如何通过微信公众账号构建高传播性社群

微信公众平台是腾讯公司在微信的基础上新增的公众模块，通过微信公众平台，企业或者个人都可以打造一个微信公众账号。微信公众账号作为一个小型的媒体平台，集合众家之长，实现与群体的文字、图片、语言全方位交流。企业或者个人使用微信公众账号主要作用是，进行消息推送、品牌传播、资讯分享。平台方通过语音、视频，能够加强与用户之间感情的互动，拉近距离。企业或者个人可以结合实体店宣传微信平台，通过微信将线下的客户集合到线上来，为客户提供更好的服务。从另一角度而言，微信相当于顾客的意见箱，有助于收集用户建议，提升品牌形象。在运营后期可以将微信平台直接用于商用，相信能够带来一定的收益。

以用户的满意程度为目的的微信公众账号层出不穷，但是要保障用户数量不发生大规模流失现象，需要运营者开动一下脑筋。

目前而言，微信至少已经有 7 亿用户，以这样庞大的用户数量作基础，微信公众账号能够给用户各种各样的需求或者爱好。只要微信公众账号的影响力有所提升，提供有趣的内容，想必就会增加用户数量，留住用户。

6.4.1 微信公众号粉丝增加策略

虽然微信公众账号的传播力不及传统媒体和微博，但是微信公众账号的传播频率不受限制。通过微信公众账号聚集粉丝，对商家而言能够带来意想不到的收获。商家还可以通过以下方式推广微信公众账号。

1. 微信签到有礼

会员可以通过手机微信完成签到，获取相应的积分兑换礼品，这能够极大地提高会员的积极性。

2. 添加微信送礼品

用户只要用微信扫描二维码就可以获得礼品，此方式可以吸引用户，增加商家的曝光度和知名度。

3. 微信抽奖

顾客在购物后可根据购物小票上的二维码及相关信息在微信上参加抽奖活动，中奖者可凭借购物小票和微信回复消息兑换奖品。

4. 微信订单享受折扣

用户可以通过微信购物，享受特价优惠。

6.4.2　微社区引流

依托于微信公众平台，微信旗下还有一款论坛类产品——微社区（http://wsq.qq.com/）。无论 PC 端还是手机端，微社区都有相应的网站和 App，方便用户在不同场景中轻松登录，实现引流的目的。

微社区是一个分门别类的行业社区论坛。例如，如果微商所从事的是“家装”行业，那么在微社区的底部，就可以看到“家装达人”分类（见图 6-10），点击进入后可以看到很多用户在小组内发言、互动。

用户点击“关注”，即可成功加入“家装达人”的版块。无论是母婴、文娱还是化妆品领域的微商平台，用户都可以找到相应版面，并成为小组成员。而通过微信扫描右侧的二维码，用户也可以轻松登录微社区，实现更便捷的发帖、回复、交流互动，如图 6-11、图 6-12 所示。

图 6-10　微社区分类选择

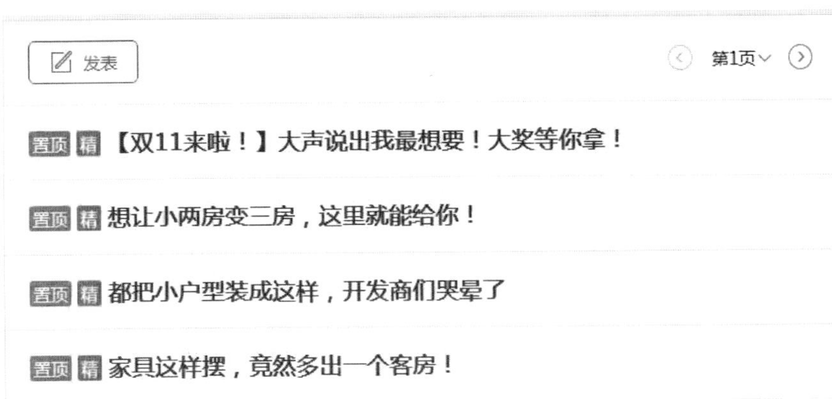

图 6-11　微社区主题帖列表

接下来，我们就可以与网友进行互动，例如看到有人发布了某个提问，这时你不妨回答：“我有一个方案，希望可以帮助你！”在方案的最后，还可以说：“我就是从事这个领域的人，如果大家还有疑问，可以添加我的微信账号，我愿意和大家一起分享这个行业的点滴！”这样一来，就会有人主动关注我们，完成引流。

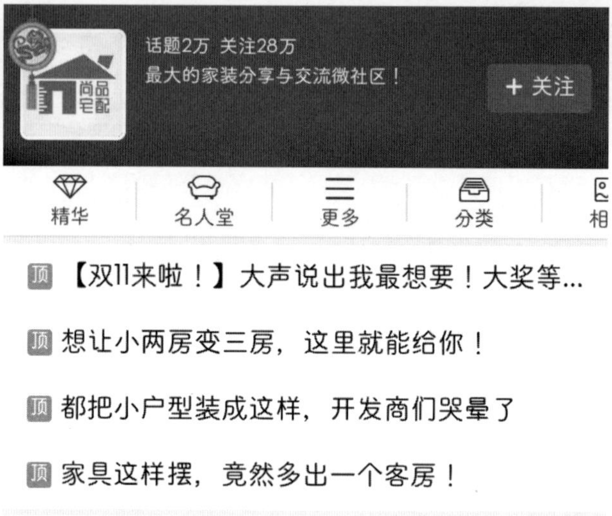

图 6-12 微社区手机端截图

总而言之，找到目标客户常去的版块，不断与网友进行互动交流，让自己尽可能曝光，那么就会提升引流的效率和效果。并且，我们的思路也一定要放开，要有建立“长尾效应”的意识。例如，《我是歌手》的微社区，主要集中了大量年轻人，他们热爱音乐、追求时尚，那么如果护肤品是领域的微商，是否就可以选择这个版块进行信息投放？结合《我是歌手》的明星们，然后说出护肤对于明星的重要性，用延伸的话题内容吸引网友，这时候植入的护肤产品也一定会被网友所关注、所喜爱。

适合的微社区的营销方法还有很多，例如在百度、微博、豆瓣搜索“微社区二维码”，就可以找到非常多的微社区。轻松一扫，我们就能顺利加入！

6.4.3 微信公众平台导航网站营销

微信公众平台导航网站，也是引流的一个渠道。在百度搜索“微信公众平台导航”，我们就会看到非常多的相关网站，如“我扫网”（http：//wosao.cn/）、爱妮微（http：//www.anyv.net/）等（见图 6-13）。

这些网站汇集了大量的微信公众平台账号，并且分门别类，如明星、新闻、科技、时尚等，很多人都会在这里寻找自己需要的微信公众平台。因此，我们也可以将自己的微信公众账号上传，并进行简要介绍，以吸引用户加入。

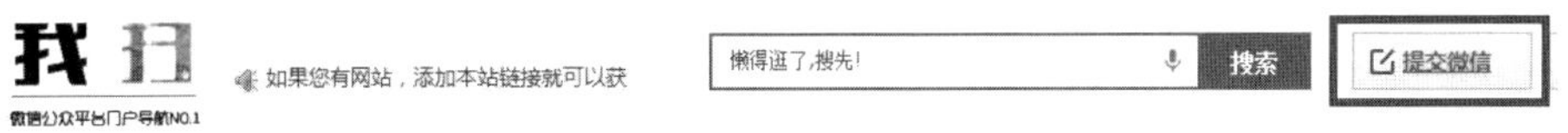

图 6-13 “我扫网”微信账号上传按键

一般来说，微信导航网站上传都是免费的，只要注册相关账号即可。但如果要在首页进行重点展示，这就需要支付一定费用，我们可以根据实际情况做出选择。一定要记得：我们的引流策略，是以免费为主，付费为辅，这样才能够有效降低运营成本，切不可盲目投入。

6.5 豆瓣网的兴趣引爆策略

作为国内最大的兴趣社交平台，豆瓣为网民打造了一个与众不同的平台。与其他传统网络社区和微博相比，豆瓣是根据某些用户所列出的评论，来展现其文化修养的。

同时，豆瓣还为用户提供了一种文化消费环境。在电影院和他人同时观看一部影片后，用户可通过豆瓣就影片与其他人进行深入交流。豆瓣铺了一张文化的大网，网上的每一个节点都是文化产品。

豆瓣小组的定位是“对同一话题感兴趣的人的聚集地”，内容五花八门。豆瓣抓住了人们对书籍、电影、音乐等文化产品的分享交流需求来设置网站功能，在无形中构建了一个以书籍、电影等具体物体为媒介的人脉关系网。小组成员可以通过争辩、帮助等活动方式，增强小组成员的熟悉程度。通过兴趣社交，它将小组成员联系起来，通过各项小组活动增强成员之间的联系。

图 6-14 显现了众多豆瓣用户对《疯狂动物城》的点评，注册用户随时都可以观看，小组成员可以对影片进行评价、探讨。

豆瓣上的营销同样存在鲜明的特色。豆瓣作为国内最大的兴趣社交平台，用户在这里能够找到志同道合者，同时也愿意接受豆瓣友邻的推荐。在半开放平台下，豆瓣通过对匿名访问的开放度以及对搜索引擎网架的构筑，大大提升了热点信息的曝光程度，实现广告投入价值最大化。

而且随着“关系社交营销”逐渐淡出舞台，以豆瓣为代表的“兴趣社交营销”凭借自身精准的优势和对品牌文化的塑造，有望实现厚积薄发。

疯狂动物城的短评 ······（全部 58554 条） 我来说两句

热门 / 最新 / 好友

桃桃淘电影 2016-03-04 983 有用
不仅是个小孩子玩玩闹闹的喜剧动画，成年人同样可以很享受这个故事。一个动物的乌托邦，理想与现实。有一个有趣的案件，又有很多关于人类世界的暗喻与指涉，还有教父或毒师这样的小梗。以及狐狸和兔子都那么可爱，那么搭。

tina 2016-03-01 547 有用
赞 看完赶脚世界都美好了

豆奶抹茶拿铁二 2016-02-24 425 有用
故事中规中矩，立意却是小孩看了笑大人看了深思的寓言故事。It's a story about minority, stereotype and acceptance. I'm glad disney plants the seed of equality to every child who sees this.兔子跟狐狸是最佳拍（情）档（侣）！警局前台豹子不是gay你找我！迪士尼彩蛋都棒棒的！

云淡风轻 2016-03-04 549 有用
不要看任何影评，如果可以预告片都别看，直接买票就好了。你要啥这电影里有啥！

> 更多短评58554条

图 6-14 《疯狂动物城》的影评

6.5.1 借势意见领袖

在豆瓣中存在这样一群用户，他们不是行业精英就是意见领袖，他们所参与的活动，势必会引来众多追随者。

豆瓣用户的消费能力比较强，通过关注品牌、关注流行趋势，并对相关品牌进行评价，能够带动品牌的推广。豆瓣用户能够进行自我创建，建立无数个话题圈子，每一个话题圈子都不是封闭的，它们之间相互联系，这就能够形成一个庞大的好友社区。用阿基米德的一句名言来形容：借助豆瓣一个支点，能够引爆中国流行圈。此外，豆瓣小站也是一个比较活跃的版块，注册会员在小站上可以发布内容，还可以经营一家店铺，或者创建某一类主题内容，吸引豆瓣网友的关注，做到更好的品牌营销。

6.5.2 借势品牌小站

豆瓣能够有今日的成就，并不是依靠广告推广，而是依靠“一传十十传百”的口碑推广。在豆瓣网上进行的活动，转载率都比较高。豆瓣网的免费使用权占据一定的优势，任何人都有权利参与其中。

在豆瓣网上的主要客户群体是 80 后、90 后，这样的一群客户拥有很强的购买能力。和“衣食住行”、娱乐等相关的产品在这里推广，也许可以获得良好的效果。

搭建兴趣社交主平台——品牌小站，让豆瓣用户参与互动，可以有效引发二次传播以及分享扩散。豆瓣作为社会化媒体互动营销平台，搭建品牌小站，为品牌粉丝提供全方位了解品牌的根据地。多维度、多层次的互动，能够让品牌即时获得反馈，从而吸引汇聚在豆瓣上的品牌粉丝，提升品牌忠实度。

豆瓣能够整合相关资源，如豆瓣电台、豆瓣小站等，推出相关营销方案。但是不要推行强引导性广告，而是要设计符合用户口味的东西，在品牌和用户之间建立某种联系。只要将创意内容覆盖给目标人群，相关感兴趣的用户都会积极参与进来。

6.6 线上线下互动，构建本地社群的强关系

与大品牌的社群相比，本地社群也许有规模较小、会员较少等诸多不足，然而本地社群的另一个长处却是大社群无可比拟的：立足于本地化，社群用户呈现高密度集中，甚至彼此相熟，因此对于线下活动的举办，具有得天独厚的优势。

社群的主战场尽管在移动互联网，但如果忽略了线下这一环，那么社群闭环就很难形成——现实中的接触，会让社群成员之间更为亲密。尤其是对于服务业、餐饮业来说，线下的互动更是非常有必要的：没有实际体验，社群再热闹又有什么意义？就像一个厨师擅长宫保鸡丁，并且很多人都这样说，但却没有一个人真正品尝过，时间一长，谁还会相信这位厨师？

所以，发起线上线下互动，才能让本地社群形成强关系。这就是为什么如小米这样的互联网企业，也要定期举办一些线下活动，尤其是一年一度的线下米粉节，更是加强社群用户之间黏合度的必要手段。

郑州的某品牌汽车4S店，早在2013年就开始进行社群建设。不同于其他4S店的用户QQ群，这家4S店的社群生态非常丰富，如定期举办线下篮球赛、烧烤聚会等，甚至组织相关社群成员参观品牌汽车的生产车间。而就在2014年七夕，在社群用户的共同发起下，针对社群内单身青年的相亲大会也顺利举办。社群里的一个成员曾在大河网论坛发帖说：自己感受到的不是品牌服务，而是车友们自发形成的大家庭，品牌方更多的时候仅仅只是一个协助方。

根植于本地的社群，如果迟迟没有进行线上与线下的互动，那么就完全浪

费了社群存在的价值。社群运营者要善于开展与主题相关的线下活动，丰富社群成员的体验，加深关系链的沉淀。尤其对于中小品牌而言，一旦形成线上线下的良性互动，那么即便在本地没有大规模的地面广告，却可以通过口口相传的辐射力提升品牌形象与溢价。

6.6.1 针对社群用户推出线下主题活动

既然身为社群的一员，那么品牌就应该给予这些人一定的福利，例如专属的主题活动。这个活动，仅限于社群成员参加，因为成员平常在社群中聊天、互动，已经有了一定的熟悉度，此时如果太多的陌生人出现，会给整个线下活动带来尴尬的气氛。而在活动现场，我们不妨将社群中的话题拿到现实中进行讨论，以此让彼此之间的交流更为顺畅。尤其是对于社群领袖，不妨让他提前准备好分享内容，例如 PPT、视频、电子图片展示等。

6.6.2 实体店内有线上的展示

对于拥有实体店的品牌来说，实体店内就要有一定的内容展示，将如何进入线上社群的方法告知给用户，尤其是对于初次而来的用户。展示的方法可以有很多，例如 X 展架、主题海报等，将线上平台的服务内容和亮点，用丰富的形式进行展示和说明，例如：通过社群订购，将会享受折扣价格；社群会有定期的主题活动，只有社群成员才能享受。

如果我们的产品为自主研发，那么在包装盒、包装袋上，就更应该有所体现。尤其是对于线上社群的登录方式——二维码，一定要做清晰说明。

除了画面展示，我们还应该培养销售员对于线上社群的说明。告知用户线上社群的优点，并引导客户进行登录或关注，这样才能将线下流量成功引流至社群之中。

6.6.3 打造极致配送体验

如果我们的店铺提供配送服务，例如餐饮、小饰品类，那么就应该打造极致配送体验服务。传统的配送，送货员只负责将产品送到客户手中即可，不会与顾客交谈沟通,只求赶快送完货处理下一单。但对于注重社群发展的品牌而言，这还远远不够——不能给潜在的社群用户传递情感。

那么，什么是极致体验？首先，装订单商品的应当是透明塑料盒之类，商品摆放整齐。在包装盒上，可以印制店铺的 LOGO 和微信、微博信息。同时，配送员应当身穿与品牌有联系的服饰，做到热情礼貌。如果客户订购的产品较为特殊，还应该围绕产品做一些温馨提示，例如美食类产品是否需要再次加热，这款美食每周品尝多少次适宜。如果是鸭脖、鸡翅类快餐品，还应该主动提供一次性手套等，让客户感受到服务的细节性，这样用户才会对品牌产生好感，从而主动进入社群。

6.6.4 记录现场，让线下点燃线上热情

举办线下活动的目的，是让线上社群成员之间的感情，在现实中尽情展现与升华。因此，现场的记录必不可少，如照片、视频等。甚至，我们还可以发起线上活动：“摄影机交给谁？”一方面这给社群带来了新的话题，另一方面也能够引出摄影、摄像方面的“大神”露一手，即便他不是社群领袖，但此刻却能赢得所有人的掌声。在活动结束后，这些现场素材也要快速在线上社群中分享，进一步渲染社群的氛围，同时也是给社群新人的一个刺激：下一次，我也要参加这样的活动！如图 6-15 所示。

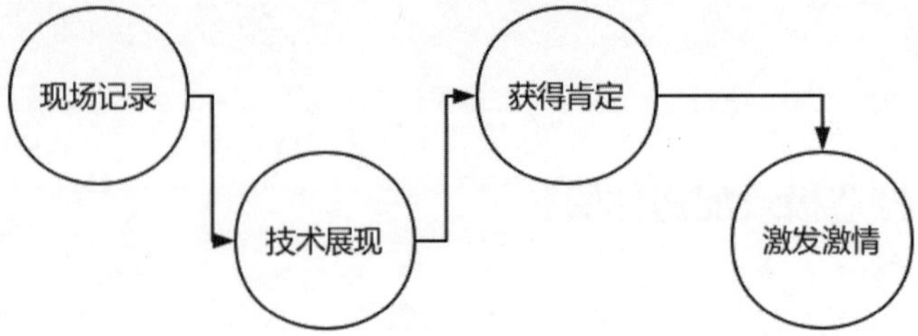

图 6-15　善于记录现场，激发粉丝激情

6.6.5　线下“饥饿营销法”激活线上热情

社群的线下活动，绝不是一拍大腿将所有人拉在一起侃天说地，它有一个重要的目的，就是反哺线上，给社群创造新的话题。所以，我们在举办线下活动时，不妨耍一些小手段：限制人数。什么样的人才能参加？一方面，是社群贡献值高的人；另一方面，则放开一定的“抢购码”，在社群中发起游戏活动，能赢到最后的人才有机会参与。

这种模式，其实就是一种线上饥饿营销的线下转换。锤子的发布会为什么一票难求？就是因为它通过这种模式，会给社群带来新的热点：想要参加，必须付出。本地化社群也是一样——线下活动有“大神”出现，还可以免费享受服务，谁不愿意参加呢？但是，我们就要进行人数限制——越是珍贵，才越是珍惜。而最终受邀参加活动的人，回到社群时也必然会“炫耀”一番——与“大神”的合影、现场的互动……越是让人羡慕，就越是能刺激到其他用户在社群的活跃度，从而为下一次的线下活动做好氛围营造。

一次成功的线下活动，会让社群成员的关系得到进一步加强；如果活动可以持续举办下去，那么社群的影响力就会冲出互联网，辐射到现实生活。所以，立足本地的社群更应该促进线上与线下的互动，让弱关系转化为强关系，强关系进化为更牢固的亲密关系。

6.7 支付宝构建社群，实现营销

支付宝是我们最常用的支付软件，无论电脑端还是移动端，它都坐稳了支付领域的头把交椅。在过去，支付宝一般仅仅作为淘宝平台的支付软件，但随着支付宝的应用范围越来越广，不断向民生、理财领域渗透，如今几乎所有涉及在线支付的领域，我们都可以使用支付宝完成。对于这样一款巨无霸级的支付软件，我们当然不能错过它的引流机遇。

6.7.1 生活圈营销

新版支付宝推出了一个非常重要的功能：生活圈。这个功能类似于微信的朋友圈，用户可以发送自己的心情、照片，好友可以进行评论、点赞等，是支付宝开始社交化的一个尝试。

因此，在生活圈内，我们可以像微信朋友圈一样，定期发布一些有关产品的内容。不过迄今为止，生活圈还没有形成很好的运营模式，支付宝依旧只是作为支付工具被用户使用，社交化的尝试并不成熟，因此生活圈的活跃度目前仍然很低，所以我们的重点，还是应当集中于微信朋友圈。对于生活圈，我们可以将朋友圈的内容直接移植过来。

6.7.2 支付宝好友营销

无可否认，支付宝的生活圈功能目前还没有成功，但它的另一个社交尝试——朋友模式却非常受欢迎，如转账、红包、借条等，因为这些非常便捷的使用模式，因此朋友之间的互动开始增多。

那么，如何借助朋友进行引流呢？很简单：当我们与好友有财务往来时，不妨可以和他说：“平常我用微信比较多，要不你关注一下我的微信号吧，这样咱们交流起来更方便！”

微信是我们发布产品信息、活动信息最主要的平台，因此当我们将好友顺利引流至微信，那么所有的推广信息，对方也就能够轻松接收。

6.7.3 支付宝商家营销

支付宝最重要的引流模式，就是商家引流。商家入驻、活动发布、打折信息……支付宝的“营销平台”功能愈发增强。

> 2015 年 8 月 27 日，支付宝钱包推出开放平台，面向商家和开发者开放 60 多个 API 接口和服务窗、卡券等移动应用服务。今后，商家可以免费进驻支付宝钱包“开店”，只要短短 2 天，就能搭建一个“移动店铺”；开发者则能通过平台 API 接口进行个性化高级开发。当商家申请后，最快 2 天就能“开店”。

所以，我们同样可以在支付宝平台快速开设一家微店，并且享受支付宝提供的后台大数据。例如，哪一款产品在某个时段最火热？哪一款产品收到了非常多的差评？接下来该做怎样的调整？什么时候推出促销活动，用户会集中点击、下载或购买？

这些数据，对任何一个品牌都是至关重要的——有助于降低营销成本，进行更精准的营销。并且，如果我们还有实体店铺，还能加入支付宝的“本地生活”，届时店铺信息、一键下单等功能，也都能够以图文的形式在手机上出现，如图 6-16 所示。

新版的微信，也都开通了立足本地生活的便捷服务。所以，如果我们有机会，那么不妨也开一家线下店，它的面积不用很大，只要能够满足进驻支付宝、微信的需求即可。支付宝本身就是一款综合性能极强的引流神器，因此我们就应该借助这些功能，在引流的基础之上，实现完整的 O2O 模式！

图 6-16　支付宝商家推荐界面

6.8 社群 + HTML5，增强互动，引爆传播

热衷于微信的朋友，一定不会对这两款游戏感到陌生：《围住神经猫》《看你有多色》。画面简单、操作简易，看起来似乎上不了大台面的小游戏，却横扫整个微信朋友圈。开发商博雅互动提供了这样一份数据：《看你有多色》在一天内取得了 1013 万的独立 IP 访问，成为又一个经典的微信“病毒式”传播案例。

与此同时，更多的社群也加入了小游戏的开发之中：过关抽奖、找茬赢礼品等，几乎每一款都能在很短时间内吸引大量用户参与。为什么这种游戏会如此层出不穷？因为它基于一个全新的应用开发技术——HTML5。

HTML5 的原理与发展，在这里不做过多阐述，但是我们可以了解一下 HTML5 的优势在哪里。

1. 开发成本极低

基于 HTML5 技术进行小游戏开发，其成本和门槛都很低，也不需要多少技术员参与。这允许开发商不断去试错。搜狐曾报道：《围住神经猫》背后只有一名美工和一名程序，用时 1.5 天便宣布开发完成。

2. 周期短，可以不断推出新的游戏

基于 HTML5 所开发的游戏，都有这样一个特点：短命。即便火爆如《围住神经猫》，它的周期也不过几周。但是，正是因为周期短，反而符合移动互联网的特色：玩小游戏的目的，不过是打发时间罢了，没有人会认真投入。快速出现快速消失，反而利于新陈代谢，促发新的 HTML5 类型游戏不断涌现，以此满足社群用户对于新鲜感的追求。

3. 程序不大，充分利用用户的碎片时间

碎片化是移动互联网时代的标志，一个人也许一天会点亮屏幕一百次，但每次停留的时间不超过三分钟，这就是碎片时间。HTML5 所呈现的内容，绝大多数都非常细碎，就像《围住神经猫》可以随时停止，用户内心也不会产生多少遗憾。并且与 Flash 相比，它所消耗的流量也是极低的，用户不用等待太长的加载时间。所以，HTML5 可以在移动互联网时代大行其道。

正是因为这 3 个原因，越来越多的 HTML5 小组出现，在源源不断地开发游戏之时，还会根据有需求的社群进行定制型开发，将品牌、社群文化融入其中。所以这就是为什么有的品牌几乎每周都推送一次定制化的小游戏，供社群用户娱乐。

其实，基于 HTML5 进行开发的内容，不仅只是游戏，它还包括了主体类、有奖活动类。主题类主要是企业用于展示，如新品功能介绍、年度盘点、数据报告等，绝大多数的微网站开发，也是基于 HTML5。

可以说，微信的出现，让 HTML5 终于有了用武之地；同时，HTML5 也大大丰富了微信的生态模式，让微信社群的建设呈现趣味化、娱乐化的特点。如果使用得当，那么 HTML5 就可以大大增强社群用户的互动性，从而引爆传播。

6.8.1 借助 HTML5，促进用户的参与感

社群需要互动，而游戏是最好的手段。所以，品牌就应该定期推送一些 HTML5 小游戏，以此吸引用户的注意力。而最重要的，则是要有分享机制：用户得了多少分，可以一键分享至朋友圈之内，最好还能显示出在好友中名列第几，这样会大大激发用户参与的激情。

提升互动的同时，内容也应当符合社群的文化气质，尽可能精美细致。要知道，

HTML5技术融合了图片、文字和视音频等多种功能，很容易吸引社群用户的关注，并进行转发分享。如果这个内容还与品牌相符，那么就会取得更好的效果。

可口可乐曾凭借着HTML5技术，将品牌的“可持续发展报告”这种厚重的内容，变成了非常有趣的画册：选取报告中的部分核心数据，共15页画面，直观展现可口可乐的努力，变成适应网络传播特点，特别是移动端观看及分享需求的形式。这种生动有趣的展示，让可口可乐在社群中被热烈讨论，并引发众多用户纷纷转发（见图6-17）。

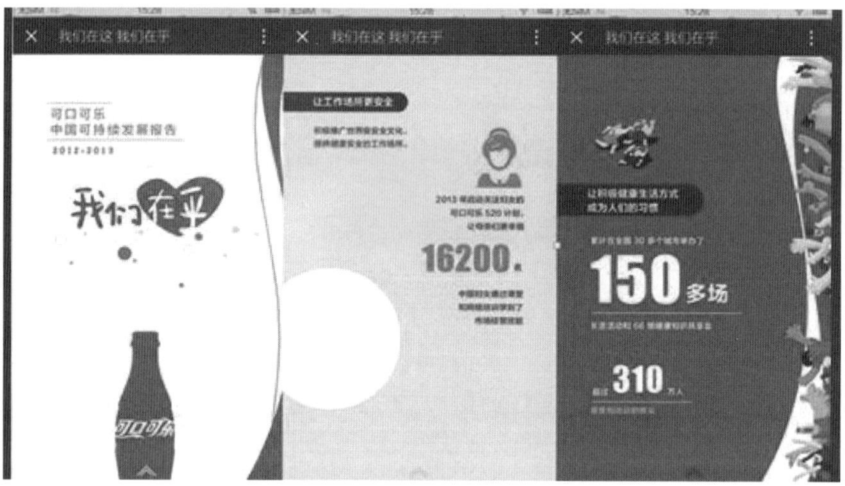

图6-17　可口可乐HTML5画册截图

6.8.2　借助多样性与可拓展性，迎合营销需求

单纯的游戏能够调动社群用户的参与，但如果没有品牌的植入，那么它就不

能给社群用户带来更深层次的品牌印象。所以，借助 HTML5 的多样性和拓展性，让品牌也成为游戏的一部分，这才是真正的高明手段。杜蕾斯显然就是这方面的高手，曾经先后推出过《我要持久》《杜杜line 一发》《一夜 N 次郎》等多款作品。其中最经典的，当属“别踩白块儿”的品牌定制版：把黑白块替换为五颜六色的杜蕾斯套套，玩家只要努力踩套套就够了，别的什么限制都没有。通过游戏，社群用户即产生了强烈的互动，同时也对品牌的特质、文化有了更深的了解，这对品牌的传播会起到非常好的作用，如图 6-18 所示。

图 6-18 杜蕾斯 HTML5 微信游戏截图

借助这种模式成功的，当然不止杜蕾斯一家。

微信海 CEO 程小永曾经在一次会议上，分享了这样一个故事：有一年，某珠宝商家针对郑州的社群进行消息推送，并推出了一款名叫“分享有礼”的 HTML5 小游戏，并有机会获得 iPhone 手机。结果一天的时间，这款游戏的访问量就突破了一百万次，让品牌的价值得到了充分展现。

由此可见，巧妙借助 HTML5 的力量，微信社群将会呈现强烈的富媒体化，在巧妙利用用户碎片时间的同时，又给社群带来了丰富的话题和热点。所以，多结合 HTML5 技术，这是提升微信社群运营效果的一个秘诀。

Part 7

全渠道营销：

管好客户，优化客户贡献

7.1　找准引爆点，制造交叉引爆效应

小米创始人雷军说，站在风口上，猪也能飞。在移动互联网的新时代，客户的产品信息更新速度加快，同类商品的竞争加剧，商家想要制造自己商品的引爆效应，实属不易，引爆点成为引爆效应的咽喉要道。

7.1.1　如何找准引爆点

引爆点就是在企业能承受的范围内，寻找客户的关注点，结合自己的优势，创造自己的产品与同类产品的差异（见图 7-1）。

1. 要找到产品的差异化

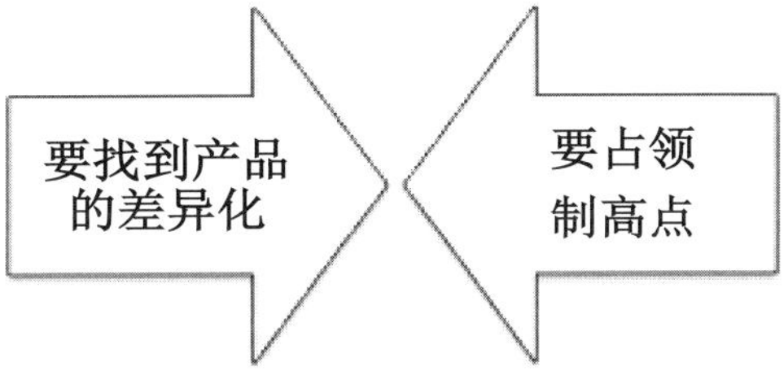

图 7-1　找准引爆点的策略

在团购大战打得不可开交的时候，美团的 CEO 王兴以客户的利益为出发点，提出过期退的概念，为当时的团购大战找出第一个引爆点；在金山和瑞星“厮杀”得不可开交的时候，360 加入安全杀毒行业，而其找准的引爆点是免费杀毒，这不得不说是 360 在营销界下的一步好棋，为其打响了知名度。

大家都知道互联网领域的“721”法则，第一个找出引爆点的人可以占有 70% 的市场份额，第二个就只有 20% 了，到第三个就只剩 10% 了。美团和 360 精准地找出了行业的引爆点，成为第一个吃螃蟹的人，在相当长的一段时

期内占有了大量的市场份额，实现了引爆点的引爆效应。

2. 要占领制高点

深入了解行业发展周期和阶段特点，深入研究企业的竞争优势、产品特点和企业可以开发利用的资源，从而找出精准的引爆点，实现引爆效应。我们大家都知道，想要让自己的产品流行起来可以进行适用群体推广、口碑效应推广和蹭热点推广等方法，只有占领市场的制高点，才能结合市场概况，预测出产品的实际消费人群，实现产品的引爆效应。

小米的最初营销目标就是发烧友用户，主打发烧友群体是希望借助用户体验来实现小米的口碑宣传，在这一点上不得不佩服雷军对小米市场的准确定位。小米营销选择了小的引爆点，却由于其对小米手机自身优势的把握和对其市场的准确预测，制造出了引爆效应，使小米从发布最初的 100 人骨灰级发烧友到后来的 100 万种子用户，截至 2016 年 1 月，其公布 MIUI 用户数量达到 1.7 亿。小米的成功，不能不说是其找准了市场这个引爆点，从而制造的引爆效应。

7.1.2 如何实现交叉补贴

找准引爆点后，如何实现引爆效应成为在移动互联网经济飞速发展的今天的一个难题，我们可以分析一下以下几个生活中比较常见的案例。

在营销领域，从来没有免费的午餐，举一个十分常见的例子。社区超市经常会举办促销活动，其中有一种促销模式，原本产品的降价幅度并不大却以增加赠品的形式促销，其中一家超市发现高档的 5 元鞋油销量并不是很好，于是就采用买二赠一的活动，买两盒鞋油赠一把雨伞，于是超市的鞋油被抢购一空。这就是一个奇妙的现象。就消费者来说，他们并不了解鞋油的真正价值，只是一把雨伞的价格也就 10 元左右，还能得到两盒高档鞋油，这是一个价值最大化的交易；而对于超市来说，鞋油的进价是 0.5 元，一把雨伞的进价是 4 元，消费者每买两盒鞋油超市就盈利 5 元。鞋油被抢购一空，超市也赚得钵满盆余，并且卖出的都是超市的积货，对于超市来说是一项不错的买卖。这就是营销的交叉补贴。

交叉补贴制造的引爆效应数不胜数。

例如，唯品会的“桃花节”引起美妆自营店消费额大增，吸引了无数消费者。美妆店把原价 128 元的瓶装面膜和价值 56 元的盒装面膜以 100 元卖给消费者，美妆店貌似亏大了，实则不然，因为消费者必须消费够 128 元才能享受此优惠。天上不会无缘无故掉馅饼，捡到的馅饼也需要自己埋单。这一交叉补贴的妙用，制造出了疯狂抢购的引爆效应。

而将交叉补贴做到极致的是一向我行我素的瑞士航空，该公司连续创造航空客座率新高却又直线降低飞机票价，并发出“我们欢迎经济衰退”的声音。这家欧洲最大的航空公司甚至预言，过不了几年机舱座位是免费送出的，但是瑞士航空依然没有亏损，收入来源转向差异化服务收费和广告等。免费的机票相当具有诱惑力，为找准引爆点的瑞士航空引爆潮流。

不论是鞋油与雨伞的绑定营销还是唯品会的节日营销，又或者瑞士航空的底价营销，商家都不做赔本的买卖，鼓动商家疯狂营销的背后是商品利益的交叉补贴。雨伞作为两盒鞋油的赠品，看起来雨伞成为亏本的附加品，然而事实并非如此，赠送雨伞以购买两盒鞋油为前提，两盒鞋油的利润远远超过雨伞的低价，这就为商家带来巨大的盈利空间。消费者冲着赠品雨伞而来，鞋油的定价使得商家即使搭上一把雨伞也稳赚不赔，还可以为商家带来巨大的利益。这就是交叉补贴的妙处。

当然，唯品会的春季“桃花节”彩妆销售也是商家对交叉补贴的应用。商家彩妆销售优惠条件以足额为标准，128 元和 56 元的面膜以 100 元出售，这样商家的利润就大大降低了，然而，消费者只有在唯品会消费够 128 元才能享受此次优惠，消费者为了享受如此合算的产品，就会增加自己的消费额，这样商家在降价面膜上减少的利润在其他地方就可以找补回来，这也是交叉补贴的另一种手段。

瑞士航空的底价机票也是对交叉补贴的合理利用。瑞士航空虽然降低机票价格，然而服务等各方面价格的提高为机票找补回价格差额的利润。

交叉补贴模式可以很好地制造引爆效应，主要利用的还是消费者的求廉心理。运营商采用交叉补贴的根本目的在于扩大市场份额和增加销售收入，通常采用的手法就是捆绑销售和转移盈利，使产品价格在同类产品中具有优势。在移动社交如此发达的今天，交叉补贴成为了移动社交新兴的营销手段。

总之，在市场竞争如此激烈的今天，交叉补贴已成为新的营销潮流。找准引爆点至关重要，是赢得市场竞争的关键。而交叉补贴的利用成为引爆潮流效应的新兴制胜法宝。

7.2 如何利用微博红人引爆传播

微博作为流行的社交媒体以不可预见的增长方式向前发展，成为自媒体时代的标志性平台。虽然移动互联网时代的到来，微信的崛起导致微博的部分功能使用相对减弱，然而微博借助自己的媒体性和公开性表现出自己独有的优势。微博日益作为企业营销的新兴平台，为企业品牌制造引爆效应。

7.2.1 企业为什么必须借助“网红”

在互联网上，每个人的背后都有丰富的信息资源，并且在移动社交如此发达的今天，每个人又都具有强大的传播能力，只是欠缺合适的时机成为爆发性的媒体，而微博红人在这个展台上，独领风骚。

微博红人，作为企业在微博上开展营销活动的“发言人”，拥有庞大的粉丝团队，通过不同行业意见领袖的大 V 账号，作为企业的一种营销方式，为企业进行品牌宣传。

企业借助微博红人转发微博的营销模式，其实就是借鸡生蛋。企业借助微博红人的微博地位和话语权，为企业吸引粉丝和潜在客户，为企业牟利。

例如，新兴的时尚电商平台 IHUSG 通过微博推广其在微博的“限时抢购”活动，以明星、恶搞无厘头、美女诱惑三种风格的语言内容，利用微博红人效应将产品顺利促销，赢得了市场份额和潜在用户。这不得不说是微博红人引爆传播的典型案例，为我们以后的微博促销提供了新的方式，实现了传播和营销的双丰收。

我们可以来分析一下，为什么微博红人作为一种营销手段可以引爆传播。

在微博上，广告的营销铺天盖地，那我们怎样才能做到让大家看到广告不反感，而且可以为企业进一步转发广告？这就要求博主有吸引“关注”和“扩散”的能力。微博红人就具有这样的能力，红人自带关注热点，粉丝的围观效应可以促使企业营销活动的扩散，微博红人加速企业品牌引爆传播无可非议。

7.2.2　如何实现微博红人的引爆传播

微博红人的引爆效应已无可厚非，那我们该如何利用微博红人实现引爆传播呢？

参与到活动的红人与红人的粉丝，再由粉丝的粉丝接连传播，在这个过程中，信息像裂变一样传递下去，发动广大人民群众积极参与。如今，转发抽奖、转发打折、转发可享受优惠等营销活动数不胜数，那我们该怎样利用微博红人效应制造有效的引爆传播呢？

经常关注微博促销商品的人会发现，有专门推正在促销商品的微博红人，“薅羊毛小分队”就是其中的一位（见图 7-2）。这位微电商达人兼微博红人，拥有 15 万粉丝，每日推出促销底价商品或者可以领红包抵现金的商品，受到大家一致好评。“薅羊毛小分队”不仅拥有越来越多的粉丝，来自这里的商品信息传播速度也越来越快。

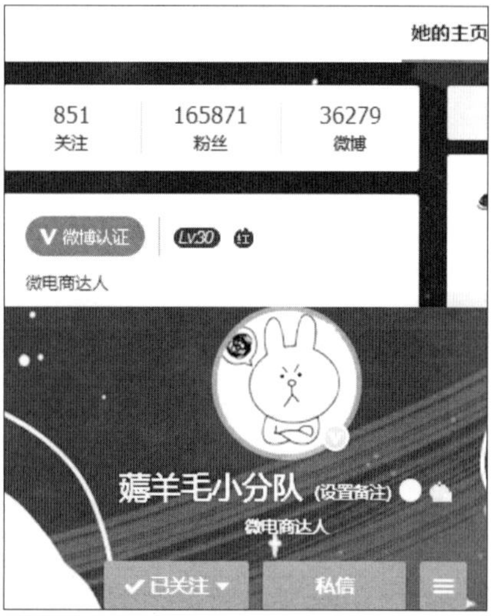

图 7-2　利用微博红人引爆

我们来分析一下商家是如何利用“薅羊小分队”这位电商微博红人引爆传播的。

如图 7-3 所示，两个图片都是“薅羊毛小分队”推荐的促销商品，不论是衣服还是足球，都用形象直观的图片来吸引消费者的眼球；在合适的时间推荐适当的商品成为“薅羊毛小分队”制胜的法宝，成为推动商品引爆的重要因素。

这就是“薅羊毛小分队”作为成功的电商达人引爆商品的经验。

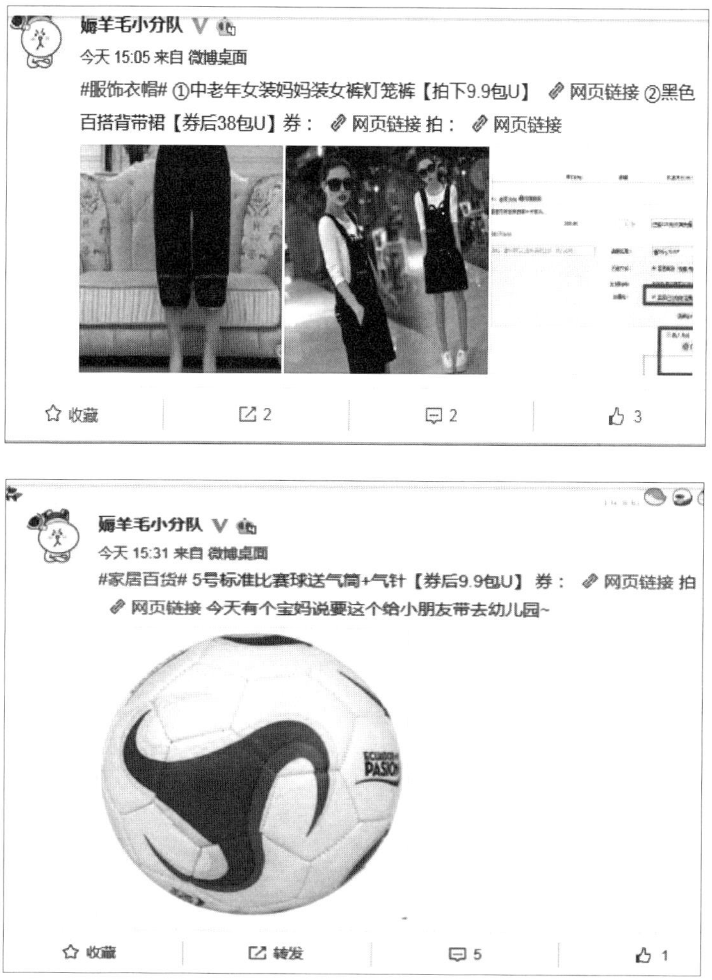

图 7-3　商家利用“网红”引爆传播

由此我们可以看到，只有合理利用微博红人效应才能制造引爆效应，而我们要合理利用微博红人不引起反感就需要进行创意营销，那我们应该如何进行创意营销呢？

1. 与众不同

创意营销一定要专注于优秀的营销内容，有与众不同营销思路，变常规为新奇，当然还要有优秀的文字设计，从内容到形式都要尽量避免落入俗套，实现营销商品的与众不同。

2. 寻求合适的传播方式

确定好消费群体，寻找与之匹配的微博红人，选择合适的传播方式，比如红人转发、红人试用、红人优惠推荐等。

3. 要适时地增加新的热点

不断发掘新的话题，因为新奇与实用是营造新话题的必然要求，可以引起潜在客户与粉丝的认同感。

微博的红人营销越来越成为新的自媒体营销热点。而想要利用微博红人实现引爆传播，微博红人转发的微博创意策划也是其营销内容的重点。创意的内容再加上微博红人的粉丝效应，才能真正引爆传播。

7.3 培育社群领袖的 5 个策略

社群的出现集合了个体能量，在借助移动互联网的力量后，实现了人与信息、人与人的充分连接。互联网时代的变革，主要是组织形态的变革，社群盟友成为继亲友、同事关系之外的新兴关系。社群由会员组成，其本质是强化群体关系，打造真正的社群经济。

移动社交时代，品牌营销与社交客户的联系相对减弱了，企业想要增加客户黏性，成立会员社群成为不二的选择。在社群里，我们的产品粉丝怎样才能形成一个联系紧密的团队呢？培育社群领袖是最佳途径。

7.3.1 社群领袖也是一种职业

想要把社群打造成商品的营销平台，变松散为紧密的联系，雇用社群领袖，实现联合的产销模式，不失为最好的方法。利益关系的紧密结合让企业与社群领袖休戚相关，成为调动社群领袖积极性的根本方法。

社群领袖作为一种专门的盈利职位，吸引粉丝客户成为其日常工作，同时如何管理社群团队，如何吸引更多的粉丝也是其日常工作的一部分，所以，企业可以通过聘用的方式,也可以通过合营入股的方式让社群领袖得到利益补偿。

利益的诱惑之下，社群领袖一定会尽力为企业交上一份完美的答卷。

7.3.2 荣誉鼓励

在移动互联网时代，一个人的社群荣誉越来越凸显价值。社群领袖的经济价值已得到广泛认可，其通过社群活动的高参与度，获得的“名”即社群荣誉，表现出的影响力、知名度、公信力、人气值等在社群经济中也变得可观。

“三个爸爸”的戴赛鹰就是典型的代表，戴赛鹰刚创办“三个爸爸”净化器公司的时候，就是通过参加黑马会（中国最大的高新企业创业社群）宣传，最终创下了 1120 万元的京东产品众筹纪录。戴赛鹰作为社群中最活跃分子之一，他的商业主战场就在社群，甚至茶马古道挑战赛、丝绸之路挑战赛等地面活动他也参加，而“三个爸爸”的众筹记录就是社群荣誉在戴赛鹰身上最好的表现。在社群中加入扬名机制成为雇用社群领袖的重要策略之一，而扬名机制可以通过游戏的方式存在，以荣誉勋章、荣誉称号作为其社群的表扬奖励，让社群领袖在获利的同时扬名。

7.3.3　注重情感沟通

过于功利化不利于社群的成长和发展，情感的维系才真正可以深化社群的关系。企业领导层可以与社群领袖一起学习，参加地面课程培训，共同成长，培养“同学之情”，也可以共同参加地面活动，如图 7-4 所示。

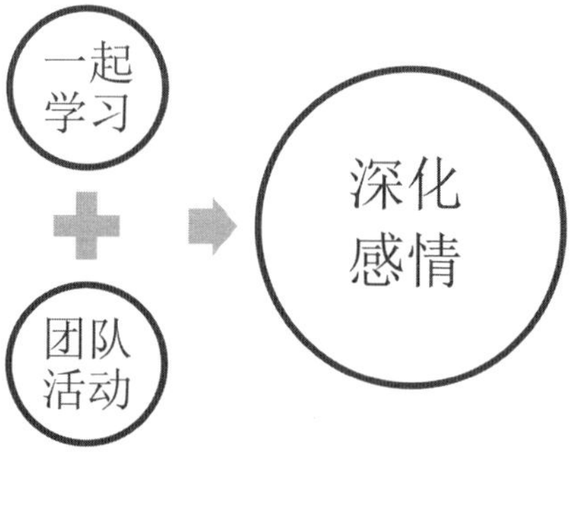

图 7-4　社群要注重情感沟通

例如：茶马道徒步之旅等有益于身心健康的团队活动，可以深化彼此的感情，因此感情的培养是企业与社群领袖社交的重要方面，想要雇用社群领袖，维系良好的合作关系，彼此的感情是很重要的。就像小米创立初期，据说每当有人挖其工程设计师，雷军就请他吃饭，杯酒叙深情，雷军这招也是屡试不爽，这就是感情维系的重要性，也是雇用社群领袖的重要策略之一。

7.3.4 把社群领袖作为重点人才培养

支持社群长远发展的是社群领袖的经营，而怎样才能让社群领袖更好地发挥领导才能，是企业应该思考的一个问题。不断的学习是经营好社群的一个强力支点，企业定期组织社群领袖学习生意之道、经营之道，社群领袖可以在更好地经营社群之余让自身也得到了提高，在不断的学习中完善自我。

将社群领袖作为重点人才培养，促进社群领袖的不断进步，为社群领袖的与时俱进提供便利的条件，社群领袖感到企业对自己的重视，才会将自己作为企业的一部分，竭尽所能经营好社群。

7.3.5 向社群领袖灌输正能量

社群经济作为未来经济的走向，其具有得天独厚的发展优势。企业积极地给社群领袖灌输正能量思想，让社群领袖引导社群成员传播积极能量，经营好社群，带领社群不断发展壮大。

社群领袖的职责是带领社群成员成为忠实的品牌拥护者，一个强大的品牌社群需要强硬的领导者，因此，企业在选择社群领袖时要特别注意。而社群建设想要形成完善的系统，社群领袖是至关重要的角色。企业在选择好社群领袖后，更要为社群发展营造良好的环境。

7.4 善于聚集社交客户，增强客户黏性

移动社交飞速发展的时代，老牌百货公司 Bloomingdales 也顺应时代发展，把社交媒体变成了自己的营销场地。

2015年年末购物节，Bloomingdales在Instagram和Pinterest上推出了“四大礼包”购物活动，每个礼包侧重于不同的消费人群，相当于购物指南，并制成了视频，只需“拉一拉”便可轻松浏览。如果用户想要购买，旁边就有一键购买的功能，整个流程轻松有趣。

社交媒体的成功运用，为 Bloomingdales 聚集了社交客户，开发了潜在用户和粉丝，带来销售额的同时增加了品牌的附加值。

Bloomingdales 的成功让我们看到了社交营销的价值，社交客户成为移动互联网时代消费的主要力量。

移动社交网络飞速发展，营销信息在社交平台上疯狂传播。社交客户成为很多创业者的目标人群。移动网络的移动性、便捷性、及时性成为社交营销的主要特点，我们该如何利用这些特点实现社交客户的聚集，增强客户的黏性呢？

7.4.1 营销广告的自身建设

首先应建立多种移动社交渠道，如利用 QQ、微信、微博等加强与社交客户的交流，关注不同消费群体的兴趣爱好，选择恰当的广告平台进行推广。我们发布广告营销信息，要以“社交分享”为根本目标，分享的内容要充分考虑

受众的特点，能引起受众的共鸣，让受众掌握话语权。当然重大的新闻热点出现时和重要的节日，是不能错过的广告时机，把握了这些外在的因素，以何种形式引起关注成为自媒体营销的重中之重。

移动社交的营销模式，想要不引起社交客户的反感，就要提高对广告方案的创新要求。健康元药业集团（前太太药业）通过社交小游戏的趣味性方式，实现了移动社交客户的聚集，提高了客户的黏性。其有自己的官方微信平台，在自己的微信平台上推送一些关于女性的资讯。单纯的美容、家庭等信息未免枯燥无味，其 IT 开发团队为了更好地服务女性用户，就开发了“神奇魔镜”等一些为女性专属定制的小游戏。虽然“神奇魔镜”引发了新一轮的女性美貌大 PK，并曾在湖南卫视的《快乐大本营》节目现场亮相，但其设计的初衷却是增强社交客户对其微信平台的关注。不得不说社交游戏是“太太药业”社交营销的成功模式。

社交营销平台想要聚集社交客户，增强客户的黏性，一定要重视其本身的广告创意。

7.4.2 举办线下互动活动

除了移动互联网的线上交流，与社交客户的线下交流，如一起走出去，参与到公众活动中，似乎可以更快地实现。通过参与公共活动聚集社交客户的移动社交媒体不在少数，易试就是典型的例子。

易试曾举办的线下公众活动数不胜数。“三八”节当天的“送女神回家”线下公众活动，一时风靡北京、上海主流商圈。用一块互动大屏吸引来往的行人，参与活动的姑娘们争先恐后地站在屏幕前，迎接屏幕上 Q 版女神的玫瑰花祝福，当天参与活动的女生都可免费被送回家，参与游戏获得高分者还将享受

roseonly 提供的女神玫瑰之旅。这是易试携手易到用车和 roseonly 共同举办的线下互动活动，不仅聚集了易试的社交客户，还通过公众活动的形式增加了客户黏性，当然对易到用车和 roseonly 也有品牌推广的作用，可谓一举双得。

当然，易试成功举办的线下互动活动还有与可口可乐合作的“把快乐带回家”活动。可口可乐仅通过优酷视频、微博等社交的媒体形式的自主传播就成功吸引了消费者的关注，并积极参与到活动中来。这一线上、线下相结合的营销方式受到消费者和业界的一致好评，不仅聚集了可口可乐在易试上的社交客户，增加了客户黏性，还为可口可乐的品牌营销夯实了基础。

易试注重社交客户的线下互动体验，赢得了客户的青睐，提高了客户的聚集频率，增加了易试的客户黏性，使其成功进驻多个城市的核心商圈。

随着新媒体的强势发展，微博、微信等新媒体，越来越受到商家的青睐。与社交客户的互动为新媒体营销带来了活力，大家纷纷尝试这种新的营销模式。红星美凯龙、本田、SONY 等一线品牌，在利用移动社交方式进行营销的同时，更重视广告与社交客户互动性。所有的广告主都在寻求一种新的方式，可以把新媒体营销和线下营销相互结合，而社交客户的线下互动，正好弥补了移动社交弱化客户联系的不足。

7.4.3 完善自身体验

陌陌作为一款移动社交软件，曾经被大家戏称为“看脸的交集”。鉴于陌陌本身作为陌生人之间的交友软件，其对自身的完善是增加了聊天室的功能，大家的交流不再只看脸，而是可以通过兴趣爱好、相同地理位置等进行交流。此项功能的改变对新用户迅速了解周围环境提供了很大的帮助。陌陌对于自身的完善建设吸引了更多的社交客户。

长虹的“点点帮”同样实现了业主在智慧社区只需要一个手机 App 就可以畅享社区的各种服务，如业主回到社区不再需要刷卡验证身份，车库的车位锁会自动上锁，楼道的门禁会自动打开等。这些都是长虹智慧运营平台改革原有弊端，不断完善自身的结果，实现了现代社区居民的智慧社区梦。

移动社交日益发展，如何维系与移动社交客户的联系成为移动社交营销商家的一大难题，而我们以上提出的 3 种方法均可有效聚集社交客户，增强客户的黏性。

7.5 如何制造多次引爆、强化品牌认知

《芈月传》在乐视网一开播，网络点击量就达到了2.6亿，迅速登上全网第一大剧的宝座，也让投资方得到丰厚的回报。当然在这傲人的成绩背后，是乐视网通过多媒体、多渠道制造引爆效应的结果。

《芈月传》通过电视剧的幕后花絮、主题曲等视频内容进行前期预热，就收获了2亿的播放量。随后的表情包（见图7-5）、海报等持续增加了关注度，仅新浪微博上“看芈月上乐视”的话题阅读量就达到了1.2亿，相关话题阅读量更是多次登顶夺冠。乐视网采用移动社交走下网络，走入生活的方式，举办了“芈月进校园——校花校草汉服大赛”的活动，将“芈月现象”不断推热。乐视更是通过各种平台和移动端同步播放，“芈月现象”盛极一时，而首播阵营除了乐视网还有腾讯、北京卫视和东方卫视，增加了曝光度。该剧主演更是自带话题，孙俪、马苏、黄轩、方中信更是积极配合，以明星搞怪、评论、转发等方式，扩大该电视剧的影响力。《芈月传》的一系列独家定制产品也被逐渐发行，再次引爆《芈月传》的关注度。

我们不得不钦佩乐视的前瞻性，通过多平台、多渠道的营销方式，将《芈月传》推上娱乐的风口，为其制造了引爆效应，加上其衍生品的畅销，乐视网在移动社交媒体上对《芈月传》的营销大获全胜，为其品牌价值注入了新鲜的活力。

乐视网对《芈月传》的成功营销，成为在移动互联网发达的今天，利用社交手段，制造多次引爆的典型教材。

社交互联网时代的到来，让粉丝的角色由“接受者”变为了“参与者”，

粉丝的力量成为推动话题引爆的重要力量，而充分利用粉丝力量的多平台、多渠道的传播营销方式，成为制造多次引爆，强化品牌价值的重要手段。

图 7-5 《芈月传》表情

借鉴完《芈月传》的成功营销经验，我们可以通过哪些方法制造多次引爆，强化品牌价值呢?

7.5.1 开发相关衍生品，预热话题

想要制造多次引爆，开发相关衍生品成为一个两全其美的方法，预热了相关话题又可以获取一定的经济利益。

开发相关衍生品制造多次引爆，动漫行业就是一个很好的例子。从动漫到衍生品，这是迪士尼等欧美顶尖动漫企业走向成功的重要发展路径。在我国，

这同样促进了奥飞的逆生长。

我国的动漫企业与国外的动漫企业的生存之道大相径庭：国外的动漫企业主要依靠版权收入，而我国的版权制度尚不健全，依靠版权收益有限，大约五六年的时间才能收回成本，这也是我国动漫市场持续低靡的原因所在。

2006年，奥飞的《火力少年王1》上市，该剧的故事情节主要围绕"悠悠球"讲述，为了制造多次引爆，实现奥飞在动漫界的逆袭，首先将悠悠球打造成了一种流行运动，为《火力少年王》带来了关注度，仅悠悠球的单品销量在当时就达到2000万个。之后，奥飞寻找到了开启中国动漫界的钥匙，在《铠甲勇士》《果宝特工》《巴拉拉小魔仙》等动漫上市之前，动漫形象玩具、图书等衍生品先行，为其预热市场，引起话题。这成为奥飞动漫引爆收视率的成功发展路径，也为我国动漫的发展指明了方向。

衍生品预热动漫市场，增加了动漫的黏性，激发儿童兴趣的同时也带动了销量，一举多得。这也为其他行业制造多次引爆提供了借鉴方法。

7.5.2 制造明星效应

移动社交的新媒体，成为商业营销的新战场，想要在铺天盖地的营销消息中脱颖而出，明星效应为我们指明了出路。明星的代言，在这个追星年代的重要作用不言而喻，想要提升品牌价值，制造明星效应成为制造多次引爆的重要手段之一。

赶集网的众所周知，是因为赶着毛驴的姚晨；58同城的家喻户晓，是因为杨幂为其赚足了眼球；飘柔的盛行一时，是因为长发飘飘的大眼美女郭碧婷。

虽然明星代言会增加不少开支，但是明星的代言可以为产品带来更多的关注，促进企业的品牌建设，让我们的品牌突出重围，从而获得收益。

可见，明星效应成为引爆传播的重要手段。当然明星效应除了明星代言还有就是明星的跨界设计了。

明星跨领域创立潮牌，跨界设计，早已司空见惯，但还是在消费领域掀起了一阵热潮。被冠上明星头牌的商品，成为宣传推广的噱头。比如，周大福聘任国际名模秦舒培为品牌Fashion Jewelry的设计师,他们联合推出的“轻珠宝”，向现代独立自主的新女性，宣扬时尚、灵动的概念；国民女神高圆圆与小米联合推出的“月霜”版女款AMAZFIT智能手环，引起大家的关注，这不仅体现了女神高圆圆的内涵，也为小米的产品制造了舆论势头，可谓一举双得。

在移动社交越来越被商业营销重视的今天，明星效应成为引爆社交的重要手段。

7.5.3 线下话题活动

《神指三国》主题手游线下推广活动曾在三里屯展开，以“抵制拖延症，马上有福”为主题，引得众人围观。参加此活动不仅可以得到可爱的小礼物还可以和拖延症说拜拜，更有神秘惊喜。音乐响起，身穿兔女郎洋装的女模特协同得到邀请卡的玩家一起摆出三角形的符号，并喊出“抵制拖延症，马上有福”的口号，这不仅为《神指三国》登上数十家报纸创造了机会也为#游戏美女#的话题提高了关注度。

本次活动通过网上的流行话题，让年轻人更容易产生共鸣，点燃了其参与热情。在手游的浩瀚市场里，只有极少数产品可以制造引爆效应，充分的利用线下活动，培养大家的参与热情，为产品的多次引爆制造契机。

品牌引爆的时代即将来临，想要提升品牌价值，制造多次引爆，在竞争激烈的移动社交媒体营销中获胜，单一的社交媒体广告吸引用户的时代一去不复返了。我们必须与时俱进实现多平台、多渠道的创新营销才能在激烈的社交媒体竞争中脱颖而出。

7.6 利用长尾效应，形成“小”增长点

不难发现，现在很多企业的营销都已经更注重多渠道的信息投放，开展立体式的市场活动，这就不得不佩服招商银行的先见之明，招行在“一卡通”时代，就开国内银行界先河。

在银行的传统对公业务出现利润空间萎缩，银行大多选择战略转型，将视线转向零售业务，这些原来不被重视的业务空间，却有着广泛的市场。正是这些原来被忽略的“长尾”空间，为银行的成长提供了广泛的空间。

而同一现象也出现在电信运营商中国移动和中国联通，在传统的语音业务发展出现停滞的时候，移动和联通开发出增值业务，如彩铃这一长尾业务支撑起电信运营商的高速发展。

银行的业务发展变了，电信运营商的业务发展也变了，社会零售化的背后，是传统行业开发新兴市场的过程。

很多企业为了追求短期的利润回报，把目标放在畅销品上。这种追求畅销品的方式也有明显的弊端，企业在全神贯注地追求畅销品的同时，由于市场信息的不对称，容易造成库存增加，那企业只能低价处理这些滞销品来流通资金吗？并非如此，《连线》杂志主编 Chris Anderson 在发表的《长尾》一文中提出“长尾效应”，来表达亚马逊、谷歌等盈利方式为企业的滞销品处理提供了可借鉴的经验。

长尾效应的提出，不得不说是互联网经济发展的里程碑，使很多传统经济发展受到的不少约束都得到了解决。长尾效应作为一种发展理念，成为为互联网企业量身定做的战略和思维方式。那企业该如何利用长尾效应实现信息引爆

传播呢？

7.6.1　实现全方位信息传播

Chris 对娱乐市场的调查显示，网络娱乐业与传统娱乐业相比，具有不可比拟的优势，网络信息传播的多元性决定了信息的多元化传播，然而传统娱乐业传播方式具有局限性。传统娱乐业以广告媒体传播为主要营销方式，对比之下，网络娱乐业充分利用了信息传播的长尾效应，不论是主流媒体还是众多的广告空间，网络娱乐业都充分利用起来实现信息的多面覆盖。信息的广泛覆盖给网络娱乐业带来了众多的消费者，这也是网络娱乐业相比传统娱乐业的优势所在。这也就形成了所谓的消息传播长尾效应。网络娱乐业通过网络实现全方位的供给，在销售畅销品的同时也销售产业内长尾产品，满足小批量用户的需求，网络娱乐业的项目齐全也是吸引消费者的原因之一。

7.6.2　产品的数字化建设

互联网技术的应用，商品的生产、运输、管理等流程对于企业来说，成本就有所降低，这当然是一个振奋人心的消息，然而，成本虽然降低了，但对产品的质量要求提高了。互联网的发展，移动社交时代的到来，对产品的数字化要求也就越来越高。产品的数字化成为适应时代发展的需要，而数字化的产品才更方便利用互联网时代信息传播的长尾效应。

7.6.3　品牌建设长尾化

消费者永远对新上市的产品有着无限的好奇，更喜欢在购买商品时有更多的选择。因此，增加销售品种对企业来说至关重要。在同一企业品牌之下，产品种类越丰富，就越能满足消费者的多样化需求。而在移动互联网时代，展示多样化产品的成本能不断降低，这对品牌来说，是很大的市场诱惑。

企业想要引爆商品营销信息，产品的数字化和品牌建设的长尾化，成为企业充分利用长尾效应“改造”商品的绝佳手段，而全方位的信息传播又可以引爆商品营销信息传播。

不论是在传统行业还是互联网行业，长尾效应都可以为企业寻得新的增长点，具有广泛的市场空间。当然，长尾效应在互联网的应用使很多品牌实现逆生长，它们的成功经验值得我们效仿。从上面的例子可以很明显地看出，长尾效应不仅可以作为新的经济增长点,还可以为滞销品的处理提供可借鉴的经验。

Part 8

互动营销：

社交即对话，引爆须真诚

8.1 顶、点赞、评论、回复形成社交对话

顶、点赞、评论、回复意味着什么？一个无声的点赞，一句简单的问候，看似没什么，其实蕴含了多层含义，例如：

“好久不见，最近过的好吗？”

“你说得太对了，绝对认同！”

“我没有忘记你，你的一举一动我都在关注。记得还有我这样一个朋友！”

“哇，这个简直酷毙了！”

……

移动社交时代，人们逐渐改变了对话的方式，由传统的线下对话转移到更为便捷的线上沟通。确实，随着科学技术的进步、社交软件的层出不穷，人们的生活被彻底改变了，逐渐拥有了一些“带电”的友谊——移动社交上的友谊。

8.1.1 充满魅力的点赞之情

如今，在微信、微博、QQ 空间等都有一些类似顶、点赞的按钮（见图 8-1）。

不要小瞧这小小的按钮，因为它暗藏了巨大的能量。这能量正如数据分析专家 Moira Burke 在《大西洋月刊》中所说的那样：“利用 Facebook 的点赞按钮去跟朋友互动，能够有效地增加社会资本，同时还能减少我们的沟通成本。”

确实，与评论、转发相比，点赞、顶具有无可比拟的 3 种特质。

1. 它能够将正面的情感量化

一般情况下，传播效果可以依次从认知层面、心理层面、行动层面得到体现。但是受传统媒介自身缺陷的限制，不能明确传播效果究竟是怎样。所幸，随着互联网、大数据、云计算的兴起，这种局面逐渐得到了改善。以新浪微博为例，阅读量体现了人们的认知程度，转发量、评论量体现了人们的真实观点。但是，由于评论具有极大的开放性，人们可以输入任何内容，包括正面的和负面的，单纯的转发也不能体现出人们确切的情感态度。顶、赞的出现，让这些正面的情感得到了量化。

图 8-1　点赞

2. 它是不断向外延伸的“符号”

什么是符号？一个符号能够代表一个具体的事物，而一个不断向外延伸的符号不仅能够展示出其本身指代的事物，更能体现出该事物所指以外的事物。因此，从某种意义上讲，赞是“全能型”符号的代表，而这正是人们所需要的。

面对生活节奏的加快、庞大信息量的压力、自我焦虑等多重因素的压迫，人们十分迫切需要一个万能型符号将自己从繁杂的事务中解脱出来。赞的出现，凭借其简单、广泛的寓意逐渐成为了人们眼中的“救世主”，如只需要轻轻一点，便能表达出自己赞美、赞同、鼓励、支持、关注、佩服之情。

3. 它是低成本的对话工具

在生活节奏加快、信息量极大的时代，如何在短时间内快速处理信息成为人们最大的困扰。相对于评论，赞不需要过多的理智、逻辑，也不需要反复斟酌语言，只要抬起手指，在点赞按钮上轻轻点击，即可表明自己的态度，完成对话互动。

点赞、顶确实一个不错的存在。但是，世上没有十全十美的存在，点赞、顶也不例外。在点赞的过程中，又有多少人有点赞情怀？真诚的对话情怀？

正如上文所言，点赞作为一种全能型符号，能够快速、有效地帮助人们进行互动。因此，信息发布者在收获到无数赞的同时，一定要用一颗平常心对待。

8.1.2　点赞模式

我们也有必要了解一下点赞的几种惯用模式（见图 8-2）。

1. 常见模式

“这条信息、这张图片、这句话不错，但又不知道说什么，那就点个赞。”这是点赞的最重要的原因。这种模式体现了点赞是一个参与过程，点赞者认同点赞对象，也认同点赞这个互动形式。

2. 互动模式

这主要见于亲朋好友之间，点赞者往往点赞不看内容，维系关系才是他们的目的。

3. 利益模式

主要见于朋友圈发布的“集赞领礼品”活动中。

4. 存在感模式

点赞即存在。

5. 偶像模式

你是我崇拜的对象，点赞表示关注。

6. 疯狂模式

无论信息好坏，无论关系如何，无论认识与否，习惯性点赞。

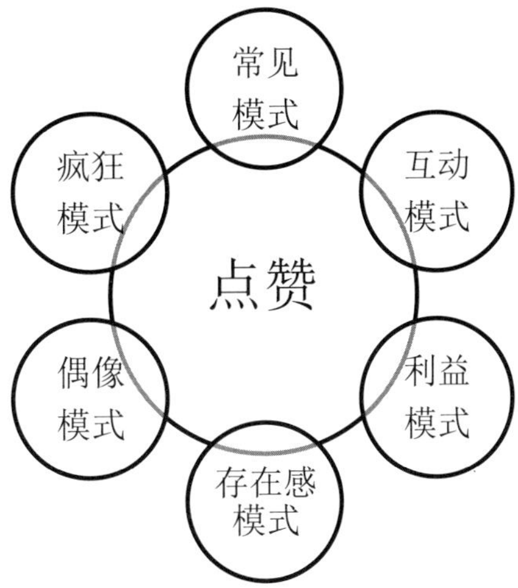

图 8-2　点赞的惯用模式

因此，对于创业者而言，在与受众互动，无论是作为点赞者，还是被点赞者，都要正确对待点赞、顶这件事情。

8.1.3　评论与回复功能

人们都说“无声胜有声”，点赞作为一种无声的互动对话形式，固然已经成为人们之间互动的一种默契。但是，纯粹、单一的点赞真的能够完成一次社交对话吗？文字的力量仍是不容替代的。

点赞给了我们量化的正面情感，评论、回复向我们展示了人们的真正情感，或愤怒、或开心、或忧伤、或明朗，它们向我们展示了人们确切的态度，或是真正的支持，或是唏嘘倒喝彩……这都是评论、回复给我们的反馈，让我们从中找到真正的受众。

做事情最忌讳的便是丢三落四，尤其对于创业、营销这类严谨的事情。所以，创业者或者营销者不能只看重时代最流行的事物点赞、顶，更要注重评论、回复的社交互动过程。

8.2 分享转发与 @ 好友中的 3 个策略

移动社交年代，要求人们具有利用移动社交 App、媒体进行交流的能力。在这个新技术、新交流常态的年代，人们使用的移动社交软件无非就是微信、微博、QQ、贴吧等。人们通过这些社交软件，谈天说地、赏月看景，并通过分享转发、@ 好友的形式，让更多人看到自己想要分享给大家的内容。

不过，分享有风险，@ 好友需谨慎，因为并不是所有的内容都适合转发分享、@ 好友。分享转发与 @ 好友的主题文章或内容需要遵循一定的法则（见图 8-3）。

8.2.1 分享转发内容如何自带互动属性

1. 主题积极，能够使读者产生一种兴奋感

一篇能够激起读者情感反应的文章自然比一篇对读者毫无情感触动的文章更受人欢迎。更重要的是，一篇能够带给读者愉悦感的文章自然比一篇赋予读者负能量的文章更适合转发分享、@ 好友。

2. 给读者一种恐惧感或愤怒感的文章

市场中流行这样一句话，那就是顾客就是上帝。读者作为文章的受众群体，文章的目标当然是制造、传播更多的快乐给读者。但是，如果文章能够激起读者强烈的感情共鸣，例如如今雾霾的严峻形势，食品安全问题的亟待解决等都可以分享转发、@ 好友。

3. 给读者一种自豪感，让其觉得自己聪明、见多识广

我们在分享一些内容的时候，最想表达的是自己理解这些内容，或想要树

立自己在朋友圈消息灵通的形象。这自然也是读者的想法，所以，分享转发的内容可以带有知识性。

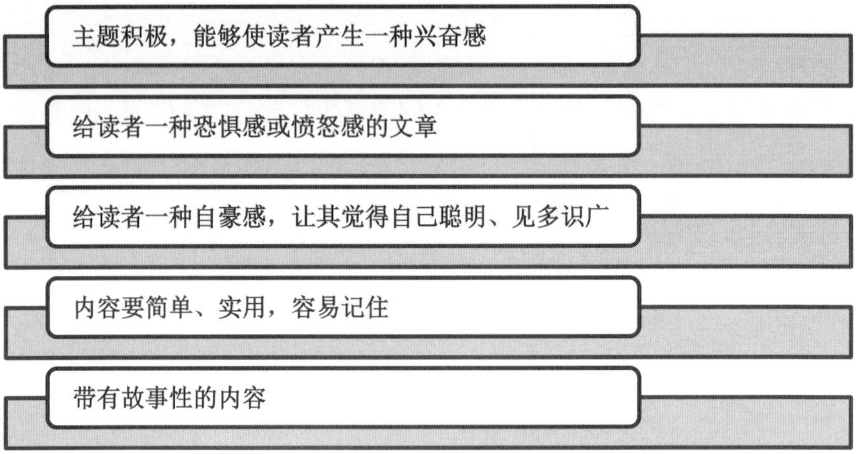

图 8-3　分享转发内容具备互动属性的法则

4. 内容要简单、实用，容易记住

这也就解释了众多榜单上、排行榜上的内容更容易受欢迎的原因，因为它们简单、更容易让人记住。所以，我们分享转发、@ 好友的内容在具备实用性质能够帮助读者的同时，还应该具备容易记住的特质。

5. 带有故事性的内容

带有故事性的内容是每个人都愿意看到的，故事讲得越好，讲得越深入人心，就越能激起人们的兴趣，这样被层层分享转发的可能性也会大大提高。因此，我们分享转发、@ 好友的内容除了要具备一个抓人眼球的标题以外，更要具备高质量的内容。

不要以为这些法则只是无稽之谈，它们是由沃顿商学院市场营销学教授乔纳·伯杰经过多年的实验与调查总结出来的，是有事实依据的。

8.2.2 戳中痛点，引爆信息

明白这些原则后，就要开始真正的实战操作了，即通过分享转发、@ 好友使信息得到引爆。但是，每天数以亿计的信息、内容通过微博、微信被送达到人们的眼前，其中不乏跪求转发、跪求传播等内容。但是，这些“跪求”真的能够得到大家的分享转发吗？机会几乎微乎其微，除非是你精心策划的内容正好符合人们的胃口，或者让某个大 V 帮你转发，通过以上两种方式，你的信息或许有可能能够在微信、微博上流行起来，得到引爆。

但是，精心策划、正好符合人们胃口的内容是什么？微博大 V、微信大 V 为什么会帮你转发？究其原因，就两个字，痛点。有痛点就有共鸣，有共鸣就有商机。因此，我们在分享转发、@ 好友时，如果能够准确无误地戳中人们的痛点，那么使信息得到引爆简直是件轻而易举的事情。

如何戳中痛点？具体操作方法如下。

1. 分享转发、@ 好友时，用人们最关心的痛点信息作为标题

任何信息、内容都有其存在的价值，因此，我们在分享转发、@ 好友时就要从中提炼要点，提炼最能戳中人们痛点的内容并将其作为标题。

例如，同样是两则标题，一则是“《失控》书摘 50 条，精华都在这里”，另一则是“如果你读不完《失控》，至少可以读完这 50 条书摘，赶紧收藏吧”。比较二者，有何感触？

虽然《失控》是一本关于经典读物，但是书本厚重、内容晦涩，几乎没有人能够读完。而第一则标题仍没有跳出人们既定的思维，当人们看到这则标题

后自然会自动选择略过。

但第二则标题则不同，它抓住了人们的痛点:《失控》人人都知道的一本书;“读不完”，提到这本书，几乎所有的人都承认读不完，你不必感觉尴尬；“50条书摘”相对于整本书，50条书摘瞬间减轻了人们的压力；“收藏吧”，担心人们没有读完，提醒人们收藏一下。

这些要素正是戳中人们痛点的关键，事实证明也是如此，因为几乎所有的朋友圈都在转发这个以“如果你读不完《失控》，至少可以读完这50条书摘，赶紧收藏吧”为标题的文章。

2. 分享转发、@好友时，创造生活、工作场景

一般情况下，越贴近人们生活的标题越能够戳中人们的内心。例如，“做PPT时，如何突出中文字体的美感与力量”就更能够打动职场中的人；“10种事物让你越吃越笨”则更能够打动吃货的内心……

3. 分享转发、@好友时，保留一丝神秘感

什么意思？其实道理很简单，人们都有好奇心理，如果提前让人们知道后续的故事，分享转发、@好友就失去了神秘感。

两则标题感受一下：“知道恋人在厦门，80岁林语堂对妻子说：扶我起来……”“打死我都不会点进去看，可是……”

移动社交年代，任何一个人都有可能是你潜在的客户，任何一个人也可能是你强劲的竞争对手，关键就在于如何挖掘有效客户，如何从竞争对手手中抢夺用户并保留用户。虽然挖掘、抢夺、保留客户的方法有很多，例如送礼物、送温暖，新时代就要有新玩法，在分享转发、@好友时，以戳中痛点的方式让信息得到引爆无疑是最好的玩法之一。

你准备好开玩了吗？

8.3 如何将“情怀”注入到社交对话

对于中国电影而言，2016 年 2 月 26 日无疑是一个值得纪念的日子。在这一天，电影《美人鱼》突破 30 亿票房大关，成为内地第一部跻身 30 亿大关的影片。

《美人鱼》自上映以来便创造了各种奇迹，例如仅用 12 天的时间便将昔日的国内电影票房冠军《捉妖记》拉下马，自己取而代之。并且，该影片在之后丝毫没有表现出后劲不足的态势，反而更加中气十足，不日便冲破 30 亿票房大关。

据有关文件显示，《美人鱼》的公映密钥会延期至 2016 年 6 月 8 日，对后期票房的增长创造了可能。

是什么成就了《美人鱼》的票房神话？《美人鱼》能够登上华语票房顶峰的真相是什么？

全案营销方北京麦特文化发展有限公司总裁岳洋的一席话讲出了《美人鱼》票房神话背后的故事。他讲到：“我们必须承认，星爷代表着一代人的观影情怀……我们提出让莫文蔚加郑少秋演唱主题歌，就是基于唤醒情怀方面的考虑。同时，不管是传统媒体还是新媒体，我们所有的营销指向都是周星驰曾带给我们什么。比如我们三支倒计时视频的制作和传播，分别来自星爷的重要作品《大话西游》《喜剧之王》《食神》，都是广大观众耳熟能详的作品，不同年龄层次的人都是星爷的受众这一点非常难得，如何唤醒他们的观影热情，是营销的重点。不是施舍与授予的关系，而是彼此的温暖与成长。”

可见，情怀成就了《美人鱼》的成功。

8.3.1 情怀在，引共鸣

基于感情色彩的沟通内容最容易触动人们的内心世界，这是很多广告能够打动人的关键因素，也是情怀营销的核心内容。

说到此，不得不提两个值得分享的案例——可口可乐、锤子手机。继“昵称瓶”活动后，2014 年可口可乐又掀起了“歌词瓶”狂潮，从周杰伦到五月天，从世界杯主题曲到毕业季应景歌，歌曲横跨了各个年龄阶段，囊括了不同粉丝群体，考虑了不同人群的兴趣爱好。2014 年酝酿两年之久的锤子手机终于走到了大众的面前，面对粉丝的“唏嘘不已”和市场的不看好，罗永浩用一场演讲进行了有声的“控诉”。演讲的最后他讲到“在屡次被黑的道路上，更加爱这个世界；即使不被他人理解，也并不放弃产品”。这句话可以被看作是解压的煽情言论，但更多展现的是一种情怀，幸运的是，不少消费者为这种情怀买单。

无论是可口可乐还是罗永浩的锤子手机，在与受众对话时都注入了一种情感——情怀。音乐歌词本身就是“含蓄表达情感”的载体，可口可乐将其当作一种“自媒体”设计成包装与受众进行面对面沟通，自然能在情怀上引起受众的共鸣。面对“老罗用了两年时间，换来的却是一个笑话”的言辞，罗永浩无力反驳，只能用情怀去打动那些与产品精神有共鸣的人。

或许大家也能够从上文中看出一些端倪，那就是广告不能只卖商品，人们对枯燥的推销没有兴趣。比起广告本身，受众更愿意从商家所传递的信息中获取某些形而上学的东西，例如人与人之间的温暖、家人的关心、儿时的回忆、心灵的寄托之类等。

商家所传递的信息其实是与受众的一种对话。所以，商家要通过这种对话给受众一种暗示，一种情怀的暗示，并通过这种暗示引起受众的共鸣，其本质上就是为产品附加诸如精神、情感、归属感等形而上的情怀，并通过这种情怀打动受众进而为此买单。

8.3.2 重情怀，注情怀

既然情怀对话如此重要，究竟如何才能做到情怀对话呢？如何才能将情怀注入彼此对话中呢？不妨先看一下安妮的情怀对话。

安妮，90后，创业者，漫画家，一直以独立漫画家和“文艺”“励志”段子手的身份活跃于微博之上，并成为名副其实的微博红人。2014年12月15日，安妮以漫画的形式讲述了她创业的辛酸史以及最终实现梦想的完美过程，在“对不起，我只过1%的生活”漫画的结尾处安妮附上了自己App的下载链接，收费3元。此微博一经发出，便收获了38万次的转发、31万次的点赞、30万的下载量以及7.9万次的评论。

安妮微博迅速走红，收获了更多粉丝的关注，就在于一个情怀，一个关乎梦想，有故事的情怀。

1. 直指梦想

这是时下热门的话题之一，更确切地说，梦想是时代永恒的话题。安妮主打“梦想”这个点，对于梦想，受众永远都不会厌烦，也能够永远获得受众的共鸣。

2. 有故事

只有梦想是远远不够的，也不是每一个拿梦想说事的微博、微信都能够被疯狂追捧，还要有故事，因为“每一个人在感动的时候其实都是在为自己感动”。

8.3.3 区分情怀与情感

需要注意的是，人们在追崇情怀对话的时候，往往会陷入一种误区，那就是将“情怀对话”与“情感对话”混为一谈。虽然二者只一字之差，实则却相差千里。

所谓“情感对话”即将受众的个人情感与需求作为企业营销的核心，通过情感设计、产品促销、服务等策略对受众在心灵上进行持续不断的冲击。

不难看出，情感对话是一种更关注受众的沟通方式，情怀对话则恰恰相反。情怀对话更注重的是传播者自身具备的魅力，如罗永浩的情怀、安妮“对不起，我只过 1% 的生活”的励志情怀；再者情怀对话多以抒情文字为主，并以理想而不是以成功或盈利为标榜对象。从这些看，情怀对话与情感对话显然是有所不同的。

社会化媒体加速了情怀的传播。因此，对于创业者而言只要拥有一个微博或微信公众号就相当于抢到了与受众对话的话筒。话筒固然重要，更重要的是将话说得够漂亮，此时情怀便起到了不可忽视的作用，因为有情怀的对话才具有足够的“攻击力”，才能形成有力的传播武器，引起受众的共鸣。

8.4 线下互动对话与线上对话如何呼应

近年来，互联网经济的发展态势或许只能用“一日千里”来形容。由 O2O 引发的商业变革狂潮几乎席卷了整个市场、所有行业。在这股狂潮的刺激下，一些有先见之明的企业很早就开始进行大刀阔斧的改革。

周大福珠宝便是其中一员。其实周大福早在 2014 年便清楚意识到，O2O 线上线下相结合是时代未来的发展趋势，更是各个企业实现发展变革的途径。周大福董事总经理黄绍基甚至透露出企业未来的发展战略是：“未来集团主要有两个方向，一个就是开实体店，目前周大福已有 2000 家门店，未来三年公司计划保持每年在国内开店 200 家，主要选在三四线城市。第二个就是在线上，三年前集团开启了电子商务，未来是以科技推动消费，改善服务，把人与人的距离缩短。周大福现在的电子商务，天猫和京东加起来大概每天有 15 万人次的人流量。周大福线下有 2000 家店，覆盖了 400 多个城市，平时消费者可以和家人来店里喝喝茶聊聊天，试一下珠宝。当有一天需要买珠宝，可以不用到实体店，而是打开手机，按一个钮付款，货两天就送到了。

这是行业巨头的选择，事实证明，这种选择是正确的。因为他们仍傲立在市场前沿，一路高歌向前，没有被 O2O 这股商业变革狂潮拍死在沙滩上。

8.4.1 线上、线下融合的 4 种模式

即使 O2O 已经成为大家公认的风口，很多企业也有幸搭上了 O2O 这辆高速行驶的列车，上线了自己企业的 App，开始建立线上信息团队。但是只做这

些表面功夫是远远不够的，如何真正做到线下互动对话与线上对话遥相呼应才是问题的关键。“互联网焦虑症”一词的出现说明了一个问题，那就是这是困扰大家的极大难题，也是初创公司活下去的战略指导方向。

初创公司活下去就是战略，这是马云说过的话。确实，在这个“大众创新、万众创业”的时代，初创公司如雨后春笋般层出不穷、快速爆发。初创企业发芽只是第一步，能够生根、活下去才更重要。如何活下去，活出自己的一片天？活下去就是战略，战略就是紧跟市场趋势，在虚拟空间与现实市场之间找到一条生存之道，即线上、线下融合、呼应。

如何融合、呼应？从 O2O 线上、线下呼应的 4 种模式里，我们或许能够找到问题的答案。

（1）Online to Offline，即线上交易到线下消费体验。就是线上进行交易，线下进行消费体验的模式。

（2）Offline to Online，即线下营销到线上交易。1 号店是这一模式的典型代表，即消费者通过扫描 1 号店带有二维码电子标签的商品海报，便可下单、完成支付的模式。

（3）Offline to Online to Offline，即线上营销到线上交易再到线下消费体验。三大电信运营商可谓将这种模式运用到炉火纯青的地步，“预存话费送 × × 送 × ×”活动便是典型的代表。

（4）Online to Offline to Online，即线上交易或营销到线下消费体验再到线上消费体验。目前如团购网站等，在线上交易，在线下消费，而评价时又回到了线上。

8.4.2 线下巧借美女营销

“爱美之心人皆有之”，所以很多游戏展、车展都会有美丽的模特站台，以吸引大家的关注。

《神指三国》是一款手机游戏，除了线上的大规模传播，这款游戏的市场团队邀请了数十名美女们穿着清凉，以兔女郎的形式亮相。在寒冷的冬天，这些清凉装的美女齐齐上阵，创造了很好的话题和热点（见图 8-4）。

图 8-4 《神指三国》的线下美女营销

当然，借助美女进行线下营销，这更适合以年轻人为主的社群，如游戏类、时尚消费类。如果是以关注母婴类信息的人群为主的社群，那就不要采用这种类型的线下活动。找到与社群风格相符的活动，才能真正有效引爆信息。

8.4.3　线下活动引爆线上粉丝

其实，线上的对话工具无非就是附近的人、二维码、摇一摇、漂流瓶、朋友圈、微信群、微信公众平台等。

那么企业如何运用这些工具做到线上与线上的呼应呢？如图 8–5 所示。

1. 利用线下资源优势

策划线下活动，例如试吃会、演讲会、新品发布会甚至春游，只要是你能想到的活动都可以尝试。

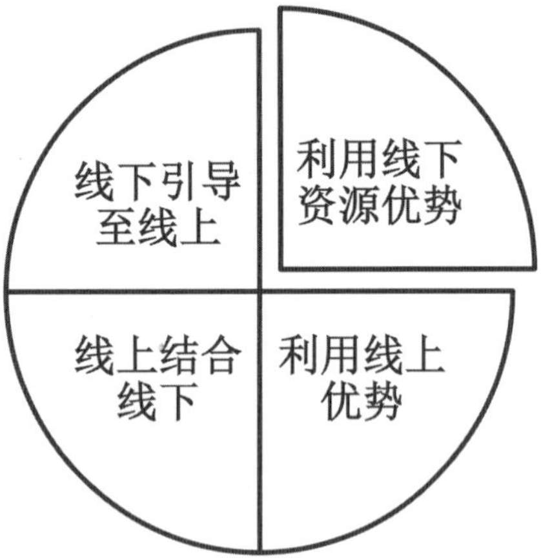

图 8–5　线下与线上的互动

2. 利用线上优势

企业可以在微信、微博、豆瓣、QQ 空间等平台发布信息，吸引人们参与到活动中。

3. 线上结合线下

如在微信上，企业可以预先植入活动互动环节；在线下，引导活动参与者扫描二维码关注公众号，进而推动活动的快速传播扩散。

4. 线下引导至线上

活动结束后精心维护新获取的用户，再次回到线上。

举个例子，传统企业举行活动都是签到、交流结束，毫无新意、枯燥至极。但是一旦引入微信整个局面将发生 180° 的转变。客户入场时用扫描二维码代替传统的签到，扫描二维码后，客户将自己的自拍照与祝福语编辑发送至微信公众号。活动过程中，主办方将这些新收集的照片和祝福语汇总制成荧屏背景墙，让客户都可以看到自己的祝福。活动最后，主办方可利用荧屏上的头像及祝福语展开抽奖环节。

整个过程中，通过线上与线下的结合，一场温馨的活动自然而然地举办成功了，而这场活动也成为了客户最美好的回忆并对企业形成忠诚度，一石二鸟，堪称经典。

对于苏宁与阿里巴巴的战略合作，马云曾说过这样一句话："我相信这是中国商业史上很重要的日子，也是商业界很重要的一个结合。"这句话同样适用于初创公司 O2O 线上、线下呼应发展的潮流。

Part 9

病毒式社交营销：

寻找和把控连接点

9.1　每个热点新闻都是一个引爆点

不管你是创业者，还是营销人员，是不是曾经说过或者听过这样的话：

“损失一个客户可能在一朝一夕，但稳定一个客户却需要付出十倍的努力。”

“在消费者眼里，你的形象就代表公司形象。”

“原材料存在缺陷，将导致整条生产线遭受损失。”

……

如果用一种效应来概括这些话，莫过于“蝴蝶效应”。20 世纪 70 年代，美国一个名叫洛伦兹的气象学家在解释空气系统理论时说，亚马逊雨林一只蝴蝶翅膀偶尔振动，也许两周后就会引起美国得克萨斯州的一场龙卷风。这就是蝴蝶效应的由来。

那么，蝴蝶效应的原理是什么？即在一个动力系统中，初始条件下微小的变化能带动整个系统的长期的巨大的连锁反应。

如今，在网络环境下，热点新闻可谓引发蝴蝶效应的一个代表案例，几乎每个热点新闻就是一个引爆点。

热点新闻在移动互联网创造的传播便利条件下，其发展受“蝴蝶效应”的影响，以其无孔不入的存在，已经成为一种对公众具有很大影响力的社会力量——影响着人们的观念、喜好、习惯，甚至是信仰。因此，商家借助热点新闻的力量往往可以达到快速引爆的目的，如借助于百度风云榜和微博热搜榜（见图 9-1、图 9-2）。

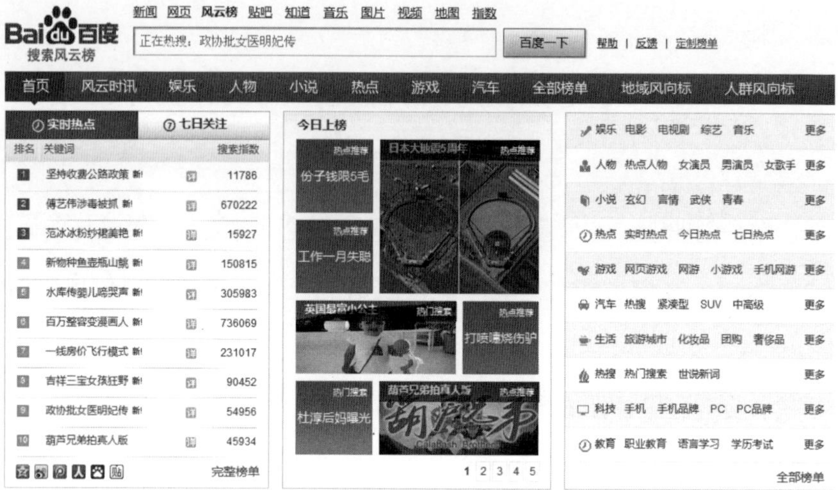

图 9-1　百度搜索风云榜

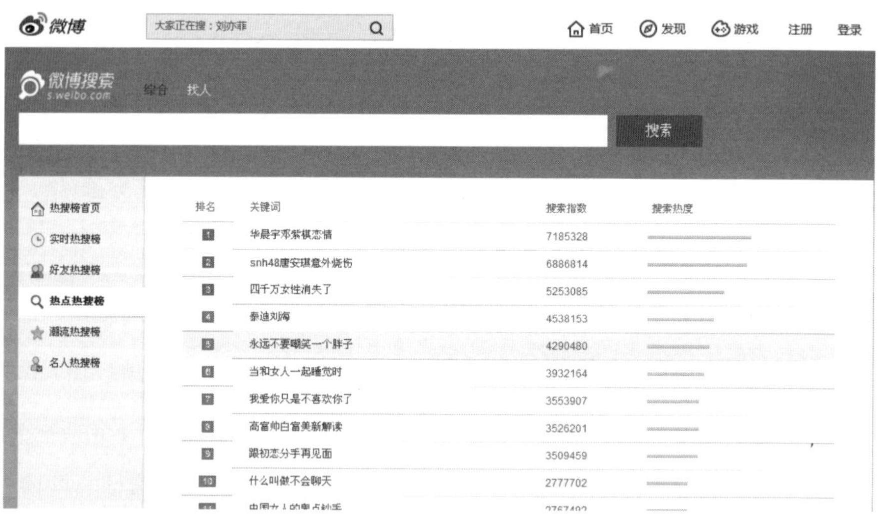

图 9-2　微博热搜榜

事实上，这种做法已经被企业百用不厌。

数年前，海尔张瑞敏一铁锤砸烂一台电冰箱的举动，瞬间传遍了中国的大街小巷，成为中国人民茶余饭后的热议话题，与此同时，海尔冰箱也真正走进了中国的千家万户。

数年后，这一通过另类行为获取关注的做法依然在延续。如滴滴打车模式出现后，有人就推出了滴滴打人、滴滴拉屎等话题事件，这种话题既有传播预期，又有反转惊喜出现。借助滴滴打车等一系列话题，有商家借势植入营销信息。当这种内容出现时，用户觉得这是一个好玩的事件，里面即便有广告出现也会当即转发。如此，不但这些商家实现了营销，更让滴滴打车知名度大增。

对于移动互联网背景下的很多企业来说，能在最短的时间内获得千万用户的关注绝对是一个壮举，也是无数运营者希望能够实现的业绩。

然而，我们回头检视每一个热点新闻，不难看出，如果只是单纯地把所有的重点都寄托于一个问题上，往往是不能成为引爆点的，即使其本身已经有很大的爆炸性，却会因为影响力不足而胎死腹中。

每个热点新闻都可以是一个引爆点，虽然任何一个热点话题都不会凭空成为人人关注的头条，但只要我们能够融入其中，借力使力，就能看到其明显的引爆过程，从而顺势制造蝴蝶效应，以更低的成本获得用户的认知。

9.1.1 巧妙融合抓人眼球的新闻

想要抓人眼球，事件或活动必须具有高度的关注价值，同时能够被持续大量报道。也正因为此，当企业把产品或者营销信息等引入到热点新闻中的时候，才能更加有效地将用户的眼球转移到企业身上来。

而且，抓人眼球也是热点新闻成为引爆点的一个必要条件。因为只有抓人眼球才能收到最佳的传播深度和传播广度。

9.1.2 借势新闻要可靠

信是立人之本，也是万事万物之本。如果一个热点新闻是空穴来风，或者其中掺杂了欺骗、糊弄的成分，虽然会一时获得人们的关注，但终究是经不起考验的。

这样的热点新闻对于企业来说也是有百害而无一利的。一旦企业借助这样的热点新闻，或者制造这样的热点新闻进行传播，都将注定失败。

9.1.3 热点新闻都要聚焦

相对于传统媒体广告，网络新闻的传播更趋于软性、感性，而且是潜移默化的影响和感染。所以，在传播的初期需要聚焦目标群体进行传播，再由目标群体不断影响更多的人群。

热点新闻自诞生之日起就已经具备了爆炸性的特征，所以，如果我们能够很好地借助或者策划热点新闻，激发人们的好奇心、猎奇心，就可以迅速拉动企业产品的销售。

9.2 如何在社交媒体中利用新闻引爆产品

步入信息爆炸年代后的结果是什么？

越来越多的人开始变得浮躁，屏幕秒翻，工作秒换，人们以往那种边吃饭边看新闻联播的时代已经彻底宣告结束了。换句话说，当人们把生活与工作都搬到社交媒体上的时候，如果没有点吸引人眼球的东西，就很难引起用户的关注，也就谈不上分享和传播，更谈不上引爆。

正所谓“顺势者昌逆势者亡”，于是几乎所有企业都想在社交媒体中分得一杯羹，通过新闻营销模式开启引爆的大门。

起初，大部分企业基本都是通过微博、大的门户网站、微信订阅号等发掘热门事件，然后借助热门话题借势传播，以求在最短时间内以最快的速度获得最大化的关注度，打响企业品牌，提升产品销量。

然而，如果我们并没有及时找到并抓住热点话题，那么如何在社交媒体中利用新闻引爆产品？

事实上，新闻营销并不是意味着只能借助已经形成的热点话题或者热门事件才能形成影响力，如果我们已经失去了借助已有的热点新闻传播的机遇，通过创造热点新闻也是在社交媒体中引爆产品的一种有效途径。

9.2.1 创造热点新闻的 3 大原则

想要快速创造一个原生态的热点新闻引爆产品，首先需要做的是找到一个比较有力的引爆点，而这个引爆点必须遵循以下 3 大原则（见图 9-3）。

1. 新奇却不陌生

如果我们创造了一个热点新闻，但是却是大众陌生的，且需要我们利用更大的篇幅解释说明，人们才能弄明白是怎么一回事，则证明我们的这个引爆点是失败的。所以，我们需要做的是，这个热点新闻既要用比较有新意的时间或者话题抓住人们的眼球，但又不能跳出人们普遍的认知范围和认知能力。

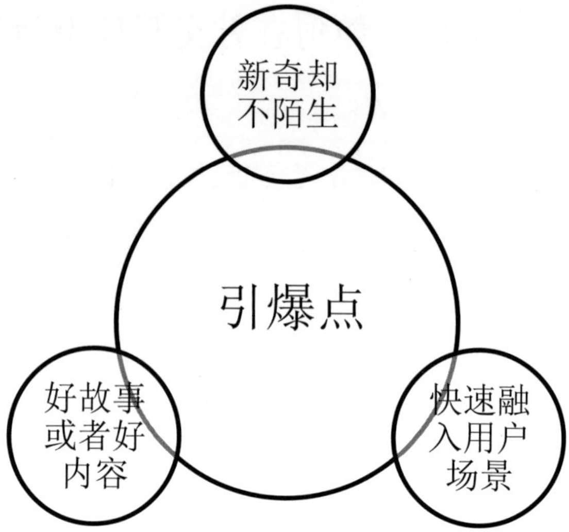

图 9-3　设置引爆点的 3 大原则

2. 快速融入用户场景

2012 年年初，云来团队基于移动互联网的连接引擎技术，自主创新研发了一种全新基于用户场景的信息连接方式——一种现场的、互动的、有生命力的场景移动应用（Live App）。

随着人们碎片化的时间越来越多，场景应用可以实现与生活场景的即时连接。所以，企业创造的热点新闻如果不能直击用户需求的痛点，就失去了与用户极速连接的最佳机会。

3. 好故事或者好内容

即使借助现有的热点新闻也要有条件地进行选择，如果缺乏有吸引力的故事内容，那么这条新闻或者话题、事件则没有传播的可能和潜质。这样的规则同样适用于企业创造的热点新闻，只有故事或者好内容才具备传播能力。

9.2.2 少不了的玩笑和段子

在有些企业每时每刻都盯着各大媒体网站搜索热点新闻的时候，另外一些企业却开始摸索出一套更直接或者更有针对性的新闻宣传之路，即结合企业产品或者服务的特点，自己丰衣足食，而且有不少企业获得了成功，那么这其中又有何奥妙？

如曾热极一时的“去啊”“去哪儿”文案大战，其实就是典型的自己创造热点新闻的案例，其最终之所以能够获得惊人的效果，除了互相比拼的热闹外，更要归功于众多网友基于这一事件开发的段子和玩笑，大大扩展了该事件的扩散范围。

其实，在社交媒体中利用新闻引爆产品的方法是，可以事先在新闻事件或者话题中嵌入一些玩笑和段子，或者是为用户埋下可以不断开发段子和玩笑的伏笔，为用户传播提供条件和理由。

9.2.3 击中用户心中紧绷的弦

人们心中紧绷的那根弦通常因为担心某件事会发生，或者害怕会受到伤害，抑或是因为得不到某些东西而充满了渴望。如果我们创造的热点新闻中能够包含这些元素，或者以这些元素作为由头，必然会得到良好的传播效果。

比如，小米的某款产品上市前都会制造一些新闻报道在网络上进行传播，此时，如果所有的米粉在第一时间都得到了这款产品，那么接下来发生的事，必然是关注小米报道的人数会急剧下降。所以，小米采用的方式是，前期只让一部分人获得产品，让另外一部分人继续等待，而且必须时刻关注小米的信息才能在下一次第一时间获得产品，这就狠狠地吊足了米粉的胃口，使得他们不得不在更长时间内会关注小米，参与关于小米的讨论，客观上维持了关于小米话题的热度。

9.2.4 敢做出头的“网红”

热点新闻其实还有一个隐藏在背后而又让人必须注意的特性，即时效性。

众所周知，如果我们创造的这个话题或者事件，已经是几年前就发生过的事情，或者这个话题诞生后便落得了一个昙花一现的命运，则代表其毫无生命力。但是，你是否也想过，如果你创造的一个话题或者一个事件，对于用户来说是司空见惯的，没有什么新意，人们就不会感兴趣。所以，创造热点新闻，必须尊重“时效性”这一原则，敢于做第一个吃螃蟹的人，抢在竞争对手的前面，把一线用户非常感兴趣的话题或者事件传播出去。

通常的做法是，在策划的技巧上，运用逆向思维策划出新颖、奇特的话题或者事件，使其具有热点新闻的“新奇却不陌生”的特点或第一次成为能满足读者的猎奇心理的奇闻趣事。

移动互联网让整个世界都进入了狂欢节，一个又一个爆炸性话题的快速诞生，让人们应接不暇的同时，也让人们嗅到了其中的一些奥秘，真正的爆炸性话题通常是让人们感到意外的，但其本身却是有组织、有计划的。

9.3 如何寻找附着力强的传播连接点

网络作为一种传播媒体，不仅得到了大型企业的重视，中小企业以及个人更是爱不释手，但相对于大型企业有实力选择大型的门户网站、专业网站，中小企业和个人则只能通过微信、论坛、博客、QQ 群等进行网络传播。

但是，无论是大型企业还是中小企业以及个人，其中有很大一部分都没有找到正确的传播方式方法，只是将传统媒体的内容复制粘贴到了网络上，即使有在内容中又多加了一些图片等，最终也是于事无补，或者说没有真正搔到痒处。

事实上，想要通过网络传播信息达到引爆的效果，首先要弄明白传统媒体与网络媒体的本质区别是什么。

传统媒体较网络媒体更加注重价值感，因为传统媒体传播的内容一般真实性更强，每一篇报道都会非常贴近生活，而且必须经过严格的审核才会最终发表，这些行为都是为了让受众可以从中获得价值体验；而网络媒体较传统媒体而言更加重要附着力，比如网络媒体传播的新闻虽然不是非常真实可靠，但它非常讲究时效性，而且在形式方面也比较自由，可以最大化贴近用户的需求，而这样做的目的就是为了吸引更多的眼球，让更多的受众附着在其营造的场景中。

只有掌握了二者的本质特征，才能避免花费大量的时间做一些无用功。从网络媒体的本质特征中，我们不难看出，想要使信息更易传播，即想要使产品或者服务让尽可能多的人知道，强化受众的记忆，避免受众一个耳朵进来，而后从另一个耳朵出去的尴尬情况发生，就要保证传播的信息拥有附着力。

那么，究竟什么是附着力？在解释附着力之前，我们首先需要弄明白什么是附着。举一个简单的例子，信息的附着，其实与自然界很多植物的繁殖规律大同小异，比如玉米、桃树等，信息的传播事实上就犹如玉米或者桃树在结果前的授粉过程，需要通过风力、蜜蜂等携带花粉四处游走，把信息最大范围地传播开，让所有看到或者听到信息的人都无法忘却，无法从大脑或者记忆中抹去。

以此类推，附着力就是信息在传播过程中借助一切可以借助的事物把传播的信息植入到受众的脑海和记忆中去。我们可以用一个更加通俗的例子来说明，比如我们在演讲或者与人沟通的过程中，是否经常会加大说话的声音或者重复讲话内容？此时，声音提高的力度或者重复讲述的行为就可以被看作是一种附着力。

可以说，传播的信息能否引爆有赖于信息的有效传播，而信息的附着力则在很大程度上决定了信息传播的范围和时间。从通过网络传播信息的法则来看，由于网络的开放性特征使得网络传播的信息的主观性更大，往往以网友的情绪为基调，所以网络语言需要时而幽默、时而愤怒、时而惋惜、时而好奇、时而怜爱。而我们又何尝不能将这些视为信息传播的附着力呢？所以，我们必须相信，只有拥有附着力的传播信息，才能够引起网友的兴趣，并参与讨论，通过口碑、转载。

比如，20 世纪 70 年代有一位传奇式的直销业务员，名叫莱斯特·旺德曼。他在哥伦比亚唱片邮购公司的发言中，向麦迪逊大街的麦肯广告公司发难。哥伦比亚公司过去是，如今仍是世界上最大的邮购公司之一，自从公司 20 世纪 50 年代成立以来，旺德曼一直负责广告宣传业务。然而，哥伦比亚公司决定聘用麦肯公司制作一系列电视商业广告，以支持旺德曼政治创作的直销印刷广告。这些商业广告不是插播在夜间节目里，也没有 800 免费电话，它们只是标准化的电视画面，目的只是要唤起人们对产品的意识。旺德曼心里不是滋味，这一点我们应该可以理解。他从事哥伦比亚公司的广告工作有20多年了，丝毫不愿意把任何一点业务拱手让给竞争对手。他也不相信麦肯的广告会给哥伦比亚公司带来任何实际利益，为了解决这个问题，他提议进行一次实验。他说，哥伦比亚公司应该把本公司在《电视指南》报和《列队》杂志当地版上所做的广告在全国26个传媒市场上补全，应该允许麦肯在其中13个市场上宣扬其“呼唤意识”的电视商业广告。在其他13个市场上，旺德曼将宣传他自己的一系列电视广告。谁设计的广告在当地《电视指南》报和《列队》杂志上回应率增加最多，谁就赢得所有的业务。哥伦比亚公司表示同意，一周后，他们把结果制成了表格。旺德曼的市场回应率增加了80%，而麦肯只增加了19.5%。旺德曼大胜麦肯。

旺德曼取胜的关键在于他所谓的“猎法宝”。在《电视指南》报和《列队》杂志上的每一则广告里，他都让艺术总监在优惠购物单的一角画一个金色的小盒子，然后，他的公司在一系列电视广告词里告诉大家“金盒子的秘诀”。观众被告知，如果他们能够在自己买的那份《列队》和《电视指南》上找到金盒子，他们就可以免费写信获得哥伦比亚公司产品清单上的任意一张唱片。旺德曼总结说，那个金盒子就是触发器，它给电视观众一个理由去寻找刊登在《电视指南》和《列队》杂志上的广告。它也把哥伦比亚的电视广告和杂志广告连接了起来。旺德曼写道：“这个金盒子使读者变成了互动广告体系中的一部分。观众已不仅仅充当观众的角色了，他们也成了参与者，就好像是在做一个游戏……可见，这项活动的效果多么惊人。1977年，哥伦比亚公司在杂志上刊登的长期广告中，没有一则带来效益。1978年，有了金盒子电视支持，每份杂志广告都开始带来效益，这样的突然好转简直是史无前例的。”

如果能仔细研究一下能促发流行潮的观念或信息，就会发现那些使之具有附着力的因素常常都是些看上去微不足道的东西，就像旺德曼的金盒子[①]。

通过这个案例，相信很多人应该对附着力的概念有了更全面的了解，但我们应该从这个案例中看到背后的那一层意思，即信息附着力取决于信息与受众之间关联程度的高低和信息实用性的大小，也就是说附着力强的传播连接点可以让信息具有更强的附着力，成为信息传播的引爆点。那么，这些连接点都包含哪些层面呢？

9.3.1 特定信息针对特定目标人群

如果你的信息与受众无关，他们就不会选择转发，那么也就证明这个信息缺少附着力，所以我们需要针对特定的目标人群设置特定的信息，让信息与目标人群之间产生关联性。这个关联性就是附着力强的连接点，而且两者之间的关联性越大，附着力越强。

比如，有一条信息是"你知道小强今天做了一个什么样的决定吗？"这条信息相信不会有人关注，因为它与受众之间没有什么关联——小强是谁我们都不知道，他做什么决定与我们又有何干，所以这条信息也就没有附着力。

如果把这条信息换成"你知道今天马云做了一个什么样的决定吗？"这条信息一定会有很多人关注，因为马云可能是做了一个加大淘宝优惠力度的决定，那么很多人都可以受益，它与受众之间有直接利益上的关联，所以这条信息是有附着力的。

事实上，想要通过针对特定的目标人群设置特定的信息从而提升信息的附着力，不外乎以下几个连接点（见图 9-4）。

① 引自（加）格拉德威尔《引爆点》。

图 9-4　针对特定目标人群设置特定信息的连接点

1. 通过地理位置连接

比如，山西人身在外地的话，看到“山西”两个字，是不是会比看到“河北”两个字关注的机会要大一些？

2. 通过年龄连接

比如，青少年看到 18 岁这几个字眼的时候自然会想看一下，中年人看到 35 岁这几个字眼的时候也会留意一下，老年人看到 70 岁这几个字眼的时候也不会不在意。

9.3.2　紧随受众的关注点和需求

在金融行业，支付宝满足了人们不去银行排队等候也能转账汇款的需求，所以人们记住了它；在互联网行业，淘宝满足了人们不出门也能购得天下物的需求，所以人们不愿意忘记它；在旅游行业，途牛满足了人们个性化出游的需求，所以人们不想远离它。

成功者无不是触及到了人们心中真正的关注点和需求，才脱颖而出。这个法则同样适用于构建信息附着力强的传播连接点上。比如，一个母亲最关心的是什么？一定是自己的孩子，孩子在一个母亲的心中永远是第一位的。如果我们传播的信息以孩子的教育、成长、成才等作为连接点，这条信息的附着力必然是不可小觑的，引爆的概率也是可想而知。

9.3.3 选择有影响力的信息传播渠道

附着力法则就是说明一个能够引起传播的信息一定是容易被注意、被记忆的，而网络社区就恰好具备这样的功效，用户与大多数网络用户重合，是最有效的附着信息传播者。

通过网络社区，企业与用户之间可以进行直接的沟通与互动，一切有利于企业的信息都可以通过网络社区迅速在网络上传播起来。

与此同时，也正是因为网络社区在企业与用户之间搭建了一座直接连接的桥梁，所以当企业被用户讨论或者在用户中产生负面影响的时候，通过网络社区既可以直接与用户沟通解释，也是有效降低负面影响的捷径（见图 9-5）。

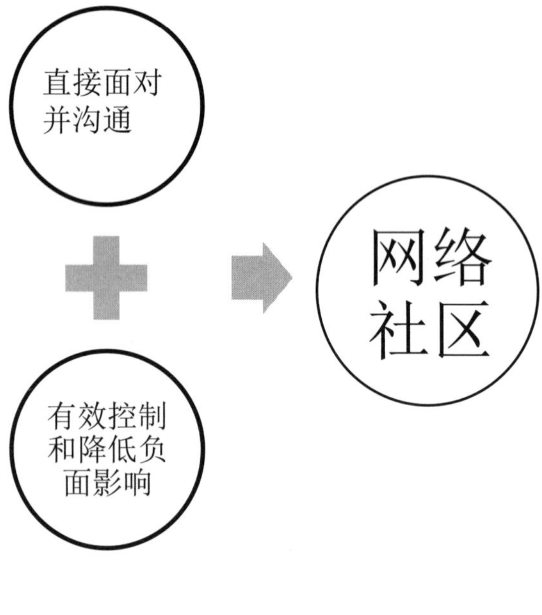

图 9-5 网络社区相比其他网站的优势

在商业信息泛滥的今天，受众对信息天生具有抗拒心理，而想要引爆一条信息，其实也并没有人们想象得那么复杂，只要化繁为简，找到附着力强的信息传播连接点，必将在信息推广战略上棋高一着。

9.4　发现个别人物

一个小男孩想见美国总统奥巴马，你是否会觉得不可思议，简直是天方夜谭?

然而，这个小男孩的确见到了奥巴马。这个小男孩的哥哥通过网络结识了一位美国朋友，而这个美国朋友恰好是奥巴马女儿的同学，于是，这个小男孩通过哥哥的美国朋友结识了奥巴马的女儿，最终通过奥巴马的女儿见到了奥巴马。

这是一个有趣的过程，但我们也可以发现，即使身处世界两端，不曾相识、不曾相遇的人只要能够找到几个关键性的人物，就能够相识相遇。

于是，一个出生于英格兰，成长于加拿大，有着牙买加血统的美国人将这一现象收入到了自己的著作当中。这个人就是被《快公司》称为21世纪的彼得·德鲁克、《纽约客》的怪才作家、被《时代》杂志评为“全球最有影响力的100位人物之一”的马尔科姆·格拉德威尔。他在自己的最新著作《引爆点》中将世界两端毫不相干的人联系起来竟然只需要抓住几个关键人物的现象，总结为“个别人物法则”。

马尔科姆·格拉德威尔认为：当任何一场流行时尚到来时，总能发现几个非常关键的人物，他们独有的特点和社会关系，再加上他们自己的热情和个人魅力，能够最高效快速地将信息在一定范围内散播开来。企业能否引爆潮流的第一步，就是要从人群中找出这些个别关键人物，利用他们来传播营销信息，引爆流行潮。

关键是，我们如何才能发现引爆流行潮的个别人物呢？如图 9-6 所示。

9.4.1 发现联系员

信息是不会长出脚自己去传播的，想要传递必须依靠人的力量，尤其是想要引爆信息时，而在这个过程中首先需要发现并找到的联系员。

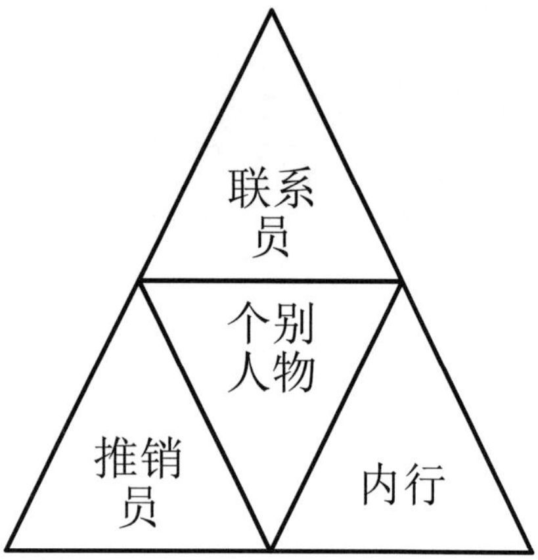

图 9-6 马尔科姆·格拉德威尔提出的 3 类个别人物

简单从字面上理解的话，联系员就是认识很多人的那些人，而且所认识的这些人也不仅仅局限于某一个或几个领域，甚至所认知的这些人没有年龄的划分，没有职业的区分，没有生活习惯的束缚，没有地位的限制，没有国籍的约束。言外之意则是说，联系员可以是你结识的三教九流，也可以是各行各业中的不同岗位上的人，更可以是五湖四海说着各种方言的人，但他们有一个共同的特征，就是通过他们可以结识一些原本不在同一个频率上，甚至没有任何交集的人，可以快速地把消息散布出去。

如果按照这一特征去寻找联系员的话，记者、律师都可以包含其中。但我们同时也必须考虑到在移动互联网背景下，其实联系员不一定是有生命的人，也可以是一些社交软件，比如微信、微博等。因为这些社交软件同样拥有联系员的特征，生活在网络环境中的人群更加繁杂，不同年龄、不同职业、不同生活形态，甚至不同国籍的人应有尽有，可以通过他们引发用户资源充当传播者，产生更加广泛的关注和话题，最广泛地向外部散布消息。

9.4.2 发现内行

提及内行，可能很多人第一时间会想到专家、学者、研究员等。其实，我们在这里所说的内行覆盖的范围更加广泛，只要是是对相关知识很懂的达人，同时可以不厌其烦地把相关的知识与朋友分享，就可以称其为内行。

如果说联系员是将消费者和消费者连接起来的那个人，那么内行就是将信息和消费者连接起来的那个人。

马尔科姆·格拉德威尔曾为内行的典型特征做了一个总结：他们往往不是被动地获得信息，而是主动地收集第一和第二手资料，并且会对收集到的信息进行加工和比较，然后毫不吝惜地告诉别人。

一旦这些内行在信息传播过程中扮演了重要的角色，往往能快速获得他人的信任，从而扩大信息传播的速度和范围，最终使信息引爆。

例如，小红书是一个 App，但其百度指数曾在两周内飙升 30 倍，App Store 排名曾在三天内攀升到总榜第 4、生活类第 2，一度超越了电商领域的巨头京东、唯品会等，难道这背后又是 BAT 的公司携流量以令诸侯式的快速成长吗？

然而，究其原因，正是因为小红书找到了个别人物中的内行——千千万万个海外购物经验分享者。对于其他消费者来说，这些拥有丰富的海外购物经验的分享者就相当于传播海外购物知识的专家。

每个行业都可以找到自己的内行，比如化肥和农药的内行可能是一位农民；锅具产品的内行可能是一名家庭主妇；运动鞋的内行可能是一名运动员；手机的内行可能是一名小学生。

9.4.3 发现推销员

事实上，每一个真正的销售人员都可以充当推销员的角色，唯一需要注意的是，必须能够把内行发现的东西与人们以非常简单易懂的语言沟通。同时，他们也必须具备一个合格推销员应该拥有的积极乐观、充满自信、阳光正面、善于互动等特征（见图9-7）。

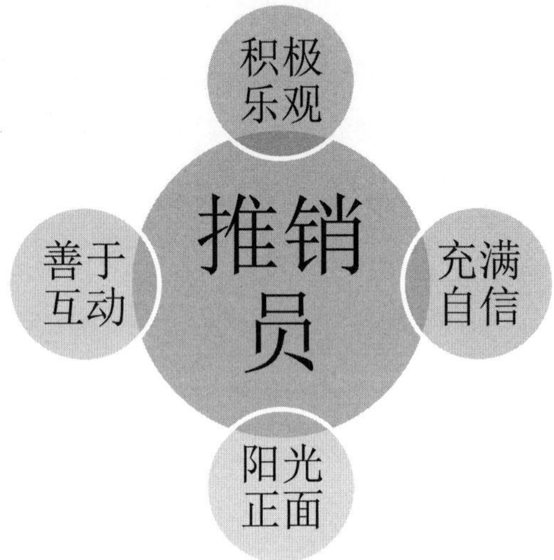

图 9-7 推销员的典型特征

推销员的主要任务就是，提升从内行和联系人那里流通到消费者这里的信息的可信度，加深消费者对接收到的信息的印象，并乐于接受、分享和传播。

这个世界上任何两个人之间的距离都不是遥不可及，只要找到其中的关键人物，也就那么几步的事，对于创造营销引爆点来说同样如此。诚如马尔科姆·格拉德威尔所说："营销的世界看上去很坚固，但只要你找到那个点，轻轻一触，这个世界就会动起来。"

9.5 制作病毒式传播内容的6个策略

他是一个古怪刻薄的老头。

他是日本企业界的一个“怪物”。

他是一个从不愿参加各种社会活动的人。

他一手创立了一个游戏帝国，也创立了一段游戏史的神奇故事。

这个人就是任天堂前社长山内溥，而他之所以能够成为日本游戏界的教父级人物，对于全球游戏产业都有非常深远的影响，依靠的则是病毒式传播。

病毒式传播其实并不是指通过真正的病毒把病原体进行扩散，而是基于“病毒”的强大生命力、爆发力、传播力，对企业的产品或者服务进行营销推广，通过利用公众的积极性和人际网络，让营销信息像病毒一样传播和扩散，使之快速走红，实现“营销杠杆”的作用，以几何级数增加的能力蔓延，形成可怕的社会影响。

事实上，这种可怕的传播效果也是由病毒式传播的趋近零成本、强大的产品吸引力、信息推广的自发性和扩张性、有效针对目标受众群体、扩大传播效果、先慢后快等特征所决定的（见图9-8）。

病毒式传播是网络营销方式中性价比最高的方式之一。想想Facebook、LinkedIn、Youtube、Dropbox和Skype都有什么共同点？除了都非常成功之外,或许它们共同的特点就是能在快速增长过程中运用了很有效的病毒式营销，并采取了最快速的传播方式。比如，在节假日的期间，制作精良，意味隽永的贺卡很容易得到疯传的娱乐式传播；借助豆瓣、人人网、开心网等实现信息分享的平台式传播；针对受众喜欢围观的心态，利用一个事件引起广大人民的争议的话题式传播等。那么病毒营销的方式有哪些呢？

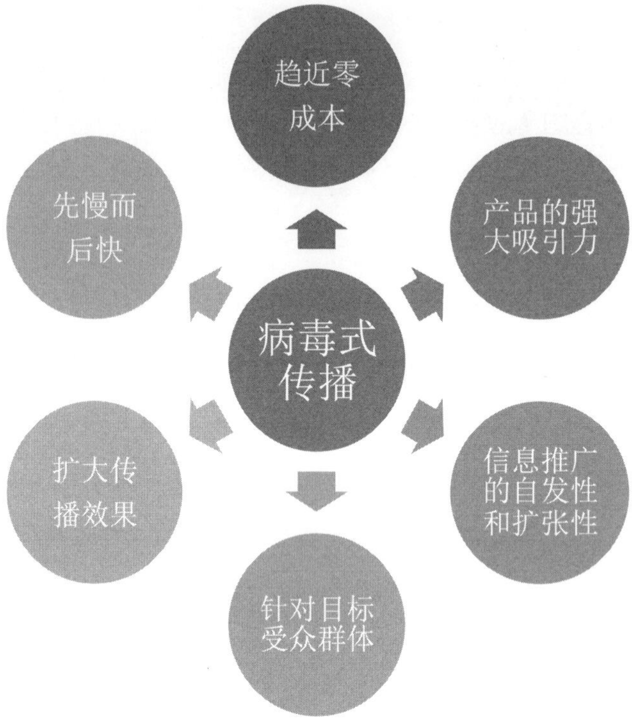

图 9-8　病毒式传播的 6 大特征

总结而言，病毒营销有 8 种方式（见图 9-9）：奖励式传播、嵌入式传播、平台式传播、娱乐式传播、话题式传播、口碑式传播、推荐式传播、沟通式传播。

然而，值得注意的是，在病毒式传播过程中当目标消费者从商家那里并不能获得利益的时候，他们为什么依然自愿转发，主动提供传播渠道？究其原因，主要是因为目标消费者收到的信息通常是已经经过加工处理的，赤裸裸的广告信息早已被糖衣炮弹包裹，展现在目标消费者眼前的是一种巨大的诱惑，打破了目标消费者的心理防线。

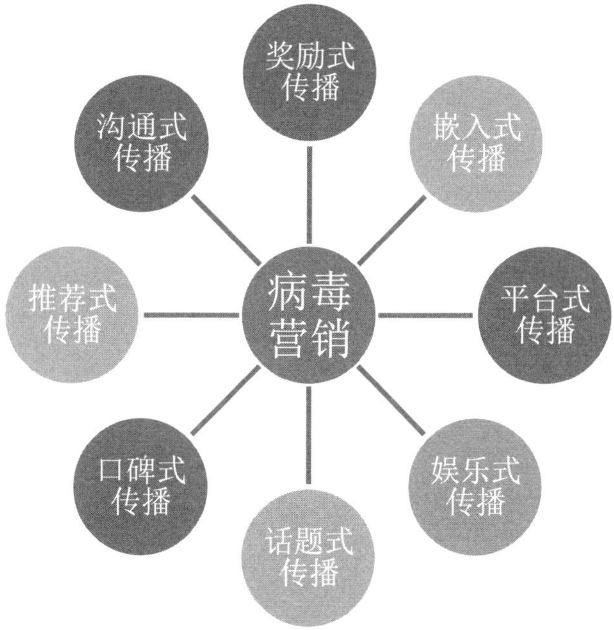

图 9-9　病毒营销的 8 大方式

所以，对于任何企业或者个人来说，只有找到传播的引爆点才能成功实施病毒式传播。这就需要我们既要找到迎合目标用户口味又能正面宣传企业的话题，并据此制作病毒式传播的内容，引爆企业产品病毒营销，让企业的产品或品牌深入到消费者心坎里去，让消费者认识品牌、了解品牌、信任品牌到最后的依赖品牌。

下面，我们将着重介绍一下制作病毒式传播内容的 6 个法则。

9.5.1 标题——最具吸引力的病原体

大众的一个普遍习惯是，在看一条信息之前一定会先关注信息的标题是否有足够的吸引力，是否可以唤起他们继续往下阅读的兴趣。标题是决定信息能否病毒式传播最重要的元素，为信息选择什么样的标题，对于信息的传播有着不可小觑的影响力。

有人曾经算过一笔账，如果你开始将信息传播给了 100 个人，经过 3 天时间的扩散，最终可能会影响到 2000 人左右。然而，同样是这条信息，但将标题换成了更加诱人的字眼，同样是传播给 100 个人，同样是经过 3 天的扩散，最终关注这条信息的人数竟然可以攀升到数以十万计。

所以，信息的病毒式传播一定要有一个能让人迫不及待想一探究竟的标题，否则我们传播的信息只能被打入冷宫，更别想扩大传播的范围，进而引爆。那么我们究竟应该如何设定一个病毒式的标题呢？

1. 让人充满期待

换句话说，就是我们设定的这个标题所要传达的意思不能完全是人们已经知道的，比如“吸烟有害健康”“长时间观看电视会伤害眼睛”，这样的标题其实都属于人们的常识范围，那么人们又为什么要去关注它呢？所以，我们设定的标题要超越人们的常识，给人留下一种期待感，让人感觉从中可以找到一些有价值的东西，比如“化妆里面的省钱美颜秘诀”。

2. 具有特定的指向

也就是说，我们传播的信息要让人们通过标题就能知道是给谁去看的，比如在标题里面可以融入“你”或者“你的”，有特点的指向范围的标题更容易提高人们的阅读兴趣。

3. 向读者发出疑问

无论我们提出的是什么样的问题，都要可以引起人们的思考。而且讨论也是始于问题，所以采用疑问式的标题更容易让人们关注标题之下的信息，并形成病毒式传播。

9.5.2 数字——最具穿透力的病原体

事实上，无论是在标题中还是在内容里加入一些真实的数据，往往更能提升信息的说服力，人们的关注度也会更高。Conductor 公司曾做过一项调查，结果显示 100 个人当中有 40 人表示自己比较喜欢有数字的信息。

9.5.3 图片——最具杀伤力的病原体

在 Facebook 中分享过文章的人或许都已经发现了这样一个事实：没有配图的文章通常比至少有一张配图的文章被分享的概率要低一倍。我们已经走进了读图时代，一张图片所传达的信息通常相当于一篇 2000 字左右的文章。更为重要的是，图片在阅读和分享传播的时候更加省时省力，这一特征完全可以满足人们越来越追求高效的需求。

9.5.4 娱乐——最具感染力的病原体

或许没有人怀疑这个时代带给人的压力是前所未有的。在这样的背景下，娱乐一下往往被看作是一种奢侈。所以，如果我们在传播的信息内容中可以融入一些搞笑的成分，能够博得读者的难得一笑，必然会收获到意想不到的效果。比如在愚人节很多人都会收到被朋友戏弄的信息或者图片等，你觉得有意思了，就会再发给其他的朋友，这样就达到了病毒式营销的效果。

9.5.5 隐私——最具生命力的病原体

一个人可以控制自己不八卦，但谁又敢否认自己没有好奇心，人人都想或多或少了解一些别人的生活或者工作，以满足自己的好奇之心，尤其是对于那些成功的企业家、火得一塌糊涂的名人等。所以我们不妨在传播的信息内容中融入一些名人轶事等，必然可以与人们的猎奇心理不谋而合。

9.5.6 惊喜——最具感召力的病原体

惊喜是什么？是让人在不经意的情况下发现一些事物可以愉悦心情。但是，如果拿捏不好惊喜的度很可能就会变成惊吓，结果则适得其反。

让人感觉惊喜的内容通常可以包括生活小常识、意外的收获、想不到的利益等。

病毒式传播是一种在短时间内就可以看到效果的营销引爆方式，但只有病毒式传播的内容天衣无缝，才是真正的病毒式传播，你的用户数量才会呈现指数性增长。

9.6 善于借势，引发受众盲从心态

《哈姆雷特》中有一句揭示了选择的艰难性的经典独白："To be or not to be"。但是在现实生活中，又有多少人不得不时时刻刻面对这样的选择。尤其是在网络背景下，形形色色的外界信息和各方观点每天都会犹如潮水一般汹涌而至。这个时候，我们应该如何选择，坚持己见还是随波逐流？

我们不妨来回忆一下，在现实中每当我们遇到这样事情的时候究竟是如何选择的。比如，当你看到一家面包店门口排着一条长队，你是不是也会认为这家面包店的面包会很好吃？或者是你并不需要面包但想证实一下究竟是不是好吃，从而也会加入到排队当中。再比如，在一些商超的服务台上我们有时会看到一个装着一些零钱的罐子或者盒子，而且上面通常会写着几个字，诸如"爱心捐助"之类的，在这种情况之下，你会直觉认为之前来过的顾客都捐了钱，那么你很有可能也会做出相同的行为。

事实上，这就是典型的盲从心态导致的盲从消费现象，与羊群效应如出一辙——在一群羊前面横放一根木棍，第一只羊跳了过去，第二只、第三只也会跟着跳过去；这时，把那根棍子撤走，后面的羊，走到这里，仍然像前面的羊一样，向上跳一下，尽管拦路的棍子已经不在了。

盲从心态是一种消费者缺乏消费自主意识的心理特征。对于消费者来说，可能并不是一件好事。比如，消费者可能并不特别需要某一款产品，但是看到很多人在购买，尤其是与朋友一起购物，当朋友的购买能力超过自己的时候，你又不愿意承认自己没有购买能力，或者担心丢面子，从而也会被动地跟着一起消费。而这种消费带来的娱乐感是极其短暂的，同时从某种层面来说，是在

为自己的虚荣心买单（见图 9-10）。

然而，消费者的盲从心态对于商家来说，却是一个不可多得的商业机会，只要善于借势放大消费者的盲从心理，甚至可以起到创造营销引爆点的效果（见图 9-11），因为它能够让消费者产生强烈的认知欲和购买欲，有利于商家展开营销活动，从而帮助商家谋求更大的利益目标。比如，产生盲从心态的人往往是因为认同了大多数人的消费行为，所以他们也会对此次消费更加认可，从而推动营销活动的顺利开展，进而让商家获得更多的收益。

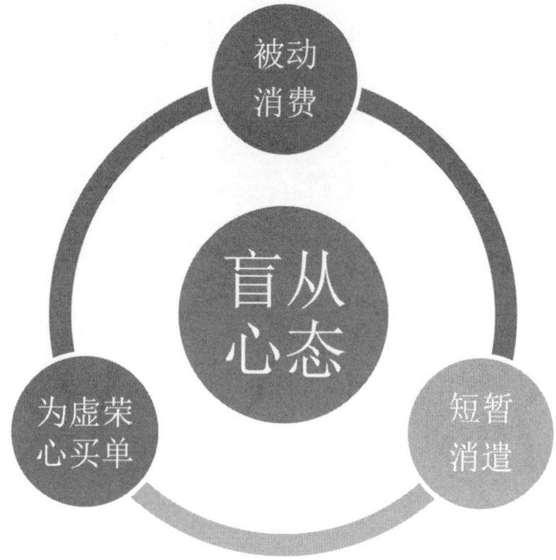

图 9-10 盲从心态为消费者带来的负面行为

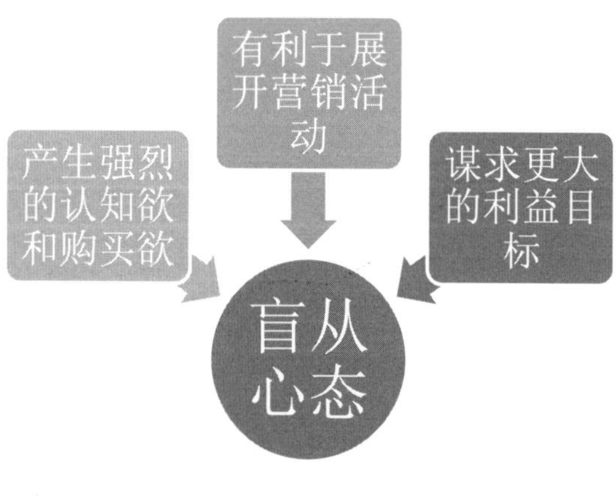

图 9-11 盲从心态对营销的优势

9.6.1 借“意见领袖”为盲从提供沃土

《2013年中国新媒体发展报告》曾做过的一项调查显示，在3亿多的微博用户中，10 ~ 39岁用户总访问次数占81.68%，高中学历以下用户占74.88%，月收入5000元以下的则占到92.2%，其中无收入群体人数最多，达到9183.5万人。

这些数字的背后说明了什么？说明网络用户的价值观存在很大的不确定性，在这样的环境下，只要有一个“意见领袖”发声，将进一步扩大消费者的盲从行为。

“意见领袖”不同于娱乐明星、成功人士，而是这个特殊的时代塑造出的一批具有极强话语传播力的偶像，在人际传播网络中经常为他人提供信息，同时对他人施加影响的“活跃分子”。他们的社交范围广，通常会超越普通人，信息的来源是多渠道的，最为重要的是他们有自己的观点，可设置议程，掌握一定的话语权，所以他们在大众传播效果的形成过程中起着重要的中介或过滤的作用，由他们将信息扩散给受众，形成信息传递的两级传播，如图9-12所示。

意见领袖可以不是什么重量级人物，甚至可以是生活中的普通大众，也可以是网络上的一些不知名的网民。换句话说，只要他们的一言一行、所作所为受到追随者们的格外重视，并希望自己也能像他们那样生活和工作，就能让盲从心态和行为成为一股不容忽视的潜流，并进一步成为导致围绕一些事件的舆论走向引爆的主要原因。当盲从心态持续扩大，便为引爆点的滋长提供了沃土。

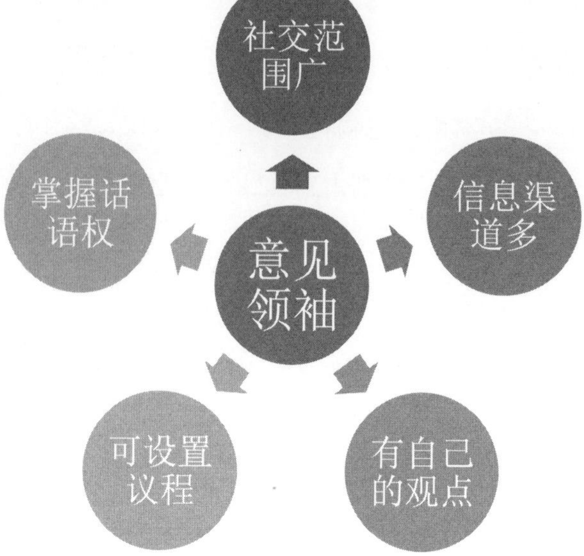

图 9-12　意见领袖的特征

9.6.2　借显著业绩为盲从提供理由

人们的判断能力下降的时候，一般是因为看到了大多数人都做出了同样的决定。这时，那些持不同意见的人就会开始怀疑自己是否是正确的，即使最终他们否定了自己的意见跟随大众的观点，也是有理由的，就是大多数人都已经那样做了。

然而，如果我们只是借助大多数人的口头上的观点让更多的人盲从，这个理由其实还不是特别充分。如果是借助一些显著业绩，用事实说话，更能左右人们的盲从行为，获得更有效的聚众效果。

例如，我们已经见惯不惊的一些案例，莫过于微信朋友圈中经常会看到的一些商家发布的成交数据、购买的人数、订单的数量、邮寄的包裹等，这些相对于每天发产品图片、产品信息内容的朋友圈更能打动人。即使初期对产品或者服务毫不感兴趣的人，看到这么多人会购买、会下单，也会抱着好奇的心理尝试一下。

9.6.3 借评价和评论为盲从提供条件

生活中有一个特别有趣的现象，那些特立独行的人，不从众的人，大多被当成异类。这也让我们意识到，当下是一个盲从心态比较严重的时代。当我们对一件产品了解不够的时候，就会参考别人的评价和评论，当很多人都做出这一决定的时候，我们就会认为这个决定是正确的。

比如，在当当网买书的时候，很多人会选择先看一下这本书有多少人评论，同时也会看一下具体的评价是什么，如果大多数人的评价是值得购买，他们才会最终做出购买行为。

可以说，在产品页面上增加用户评价和评论这样的社会化功能是导致更多人形成盲从心态的一个必需条件，能够对产品的销售起到明显的推动作用，不但能够提高销售，增加平均交易量，同时还甚至可以降低产品的退货率。正如美国的购物网站 PETCO 的副总裁所说过的那样："商品的用户评论功能帮助网站带来了不少的销售业绩。"

攻心是营销的本质，让客户心甘情愿下单则是引爆的基础。善于借势，引发受众盲从心态其实就是在无形中造就了很多共同的心理特征，拥有这种特征的人群越大引爆的概率越大。

Part 10

垂直社交营销：

移动社交打造最具价值网红

10.1 本地化移动社交平台崛起，引爆更精准

PC 互联网时代人们的“理想”是随时随地上网、获取资讯、获取所需要的服务，当时流行一句话叫“any time，anywhere”。而现在逐渐演变成是“any person，any time，anywhere”：移动终端加上社交网络，还可以加上随时、随地、随人的网络环境。这是社交网络和移动互联网对整个互联网带来的最重要的趋势所在。美国曾有媒体把互联网发展趋势概括为 6 个英文字母：“SOLOMO（Social Local Mobile）”，也就是说社交 + 本地化 + 移动，代表着未来互联网趋势。如今，未来互联网这样的趋势已非常显著。

10.1.1 本地化

当前微博、微信、Facebook、Twitter 等社交平台风靡全国乃至全世界，但仔细观察，不难发现，在这种背景下社交平台呈现出更加本地化、局域化的发展态势。

众所周知，社交网站都是基于各种社会关系的交流平台，而这些关系就决定了这些网站的发展方向。当前，社交平台的主要用户群体是学生和职场人士，年龄阶段主要分布在 13 ~ 39 岁之间，因此，我们可以明确他们的主要社会关系是同学、同事、朋友、家人。每一个人都会有这 4 种关系，用户喜欢一家社交网站可能是因为新鲜丰富的内容，可能是因为庞大的用户群，但最大原因是这里有他们所熟悉的人，而最熟悉的人莫过于身边的人——家人、同学、朋友和同事。所以，主流社交网站基本上都是基于这几种社会关系而开发的。这些

关系是每个人都拥有的，但同时也是很脆弱的。

除了家人以外，我们身边拥有的其他关系其实一直在变动：同学会随着学业改变，同事也会随着工作而变，朋友会随着年龄随着兴趣而变。没有人会长期关注以前的同学、同事、朋友，也许在同一个地方还会偶尔联系，但是更多人是随着时间流逝渐渐失去了联系。人人网的前身——校内网正是发现了此点而改名，希望借改名来延伸用户链，将同学关系转化为长久的朋友关系。只有拥有更长久、稳定的关系链才能使得社交网站的基础变的更牢固，也只有本地化、区域化的社交关系相对更稳定，例如微信、QQ 这种基于熟人基于本地的社交软件用户群最为广泛，引爆也更为精准。

2013 年，小米旗下红米手机的 QQ 空间营销是通过本地化社交平台成功营销的一个最佳例子。那段时间，许多 QQ 空间里都出现了被红米刷屏的情况，在 QQ 空间竞猜到预约的一周时间里，红米手机不仅成功引发行业热议，还吸引了广大消费者的眼球。短短 3 天，QQ 空间上 500 万预约资格码已被疯抢，而该机 8 月 12 日首批发售量仅有 10 万台。不少业内人士都为 QQ 空间强大的社会化营销能力大吃了一惊，同时也有人不免困惑：小米发行新款手机，如果要利用社交平台进行宣传合作，可以有微博、微信、人人网等选择，为什么会选择 QQ 空间呢?

实际上，小米的平台选择很有技巧。首先，QQ 空间用户的人群符合红米手机消费用户的定位——对品质有要求、张扬个性的一群少年；其次，长久以来，QQ 产品培养的付费用户最多，也正是集中在这个人群里，不用做市场调查，就知道该群体有一定的消费能力；再者，QQ 空间覆盖了中国大部分网民，主营销人群跟弱营销人群都在，可谓是一箭双雕；最后，也是最重要的，就是 QQ 空间基于熟人间广泛的传播性、互动性，同时为营销和推广两方造势，才促成红米发行的大热。

10.1.2 移动化

未来的世界是移动的，不管是 4G 手机还是物联网产业、3 网融合等都预示着这一趋势。2015 年 7 月 23 日，中国互联网信息中心（CNNIC）发布《第 36 次中国互联网络发展状况统计报告》（以下简称《报告》）。《报告》显示：截至 2015 年 6 月，我国网民数量达 6.68 亿，其中手机网民规模高达 5.94 亿，占总网民数的 88.9%。《报告》还称，随着手机终端的大屏化和手机软件使用性能的不断优化，手机作为网民主要上网终端的趋势仍将进一步加强。

面对如此庞大的手机用户，社交网站的先锋们（如腾讯）积极行动起来，纷纷推出移动互联战略，开发出更多切合手机系统的移动终端。如手机 QQ、微博客户端等，几乎人人手机中都安装了。

在这样的背景下，多款智能手机开始内置微博、QQ、微信、人人网等客户端。而移动化会为用户带来更多的便利，坐在车上也能找到想找的人，第一时间参与到社交活动；对于商家也有很大的好处，就在于信息可以随时随地传播，引爆更加及时更加迅速。

Instagram 这一社交媒体平台很好地阐释了这一点。于 2010 年 10 月正式登录 App store 至今，Instagram 的用户遍布世界各地，达到 2500 万，每日上传图片约 450 万张。许多品牌使用此软件，修饰并上传出能展示品牌产品的精美图片。Club Monaco（即摩纳哥会馆）让员工身穿自己品牌的各类单品拍摄照片进行展示，而这些单品都是刚发布或即将上市的新品；H&M 时常鼓励其关注者上传提交那些吸引他们关注新品的图片，并有机会赢得全新单品作为奖品。比起实体店的宣传，这种通过社交平台宣传品牌的方式潜移默化，更加广泛、有效。

本地化移动社交平台的崛起，逐渐引起企业的关注，成为一个新的、高效的引爆渠道，社交平台的应用让营销变得更加简单、便利。

当移动互联网对我们的生活影响越来越大时，来自这个平台的任何应用都有可能成为未来的主流。虽然传统的社交网站不会消亡，但移动化的本地社交会成为更具生命力的平台。腾讯、新浪、人人等客户端的发布，都不外乎这种情况，这是对未来移动市场发展的一种提前站队。在未来相当长的一段时间内，这都将会是社交平台的主流。

10.2　垂直领域＋移动社交，行业社交化

先来看看一个年轻白领的日常。

清晨，时针指向 7 点的时候，小张已经从床上爬了起来。小张是一个从业 6 年的软件工程师，一直负责公司软件项目的开发工作。他保持了中国式的工程师作息习惯，每天工作到深夜，在周末疯狂补觉。

这个周日，小张一反往常睡到日上三竿的习惯，早早起来。因为在前几天他就已经通过手机 App 预约，报名参加了一个技术类的沙龙，他希望通过沙龙结识一些业内朋友。对于他来说，参加沙龙提高自己的业务水平已经成为了他自我学习的一个武器。

然而，小张可能没有想到，就在他和沙龙上的朋友们热烈讨论的时候，全国数百个以 IT、摄影、音乐等为主题的活动正在同时进行。

小张的社交活动，正是现今我国年轻人进行网络社交的一个缩影。在十年前，组织一场活动，邀请陌生人来参加，应该算是一件非常稀奇的事情。而如今，伴随着我国移动互联网的高速发展，找到和自己志趣相投的人变得何其容易。这正是社交网络带给社会的变化。

10.2.1　垂直社交应用＋移动互联网领域

近年来，借助互联网发力的所谓“圈子”“活动”类垂直社交的势头正猛，不容小觑。豆瓣同城，可以说是这一类应用的佼佼者，它吸引了一大批文艺青年来这里组织活动，而且活跃度很高。而本文开头提到的小张，则是通过“拔

丝活动”这个 App 认识了志同道合的人。“拔丝活动”与豆瓣同城的不同在于，“拔丝活动”是一个聚合专业活动、沙龙的新媒体，内容聚焦互联网、科技、创业等主题，为极客、发烧友整合全国各地的专业活动。有网友还调侃说：“文艺活动上豆瓣，专业活动找拔丝。”

对于社交这件事来说，关键在于“人”。无论是基于传统互联网还是移动互联网，能不能在平台上找到想要找的人才是用户的根本需求。相对于 Facebook 这种“大社交”的工具，垂直社交或者说圈子社交从起点就帮助目标用户进行了一定的筛选，比如一个爱自拍、晒奢侈品的白富美肯定不会装一个聚合了热爱“大数据、云计算”人群的应用。这恐怕是垂直社交、圈子社交的优势所在。

应用针对什么圈子，这个圈子有多少人成为了投资人审视产品时最关注的地方之一。“拔丝活动”的产品经理曾透露，之所以选择做这个应用，瞄准极客人群，就是因为中国软件、互联网行业飞速发展所带来的人数优势。据中国最大的 IT 社区和服务平台 CSDN 介绍，该网站拥有超过 2400 万注册会员，这也从侧面说明了中国 IT、互联网行业的规模。而这些会员都是“拔丝活动”的潜在用户。

只要找准方向，垂直社交类应用在移动互联网领域大有可为。而且针对一个“小众”圈子的来进行 App 推广，似乎比推广面向大众的产品简单许多。但是，数字证明，垂直社交类应用的春天还远未到来。马红伟并不讳言推广 App 的难度，在花钱刷榜成为“王道”的今天，垂直社交、圈子社交不可能走那样一条路，独辟蹊径成为这些 App 活命的唯一法门。而这条新颖的路如何找准方向，创业者还在不断尝试。

“拔丝活动”在 App Store 上线不到一周的时间已经进入新品推荐榜单。之所以出现这种情况，应该说与该应用的目标人群都是 IT 从业者、具有严重的手机依赖症有关。由此可见，找准“圈子”是 App 成功与否的关键。

10.2.2 移动社交垂直化——大势所趋

在移动互联网领域，社交相较于电商、游戏、教育等行业在资本市场上已经有所降温。但其具备快速从工具跨向平台的可能性的优势，促使一波创业者在微博、陌陌成功上市后，又开始新的探索。

细数移动社交发展历程，主要经历了从手机 QQ 等主要围绕图形、字符、表情的发送，以增加用户在线聊天的趣味性；到 YY（YY 语音，又名“歪歪语音”）等开始增添在线语音、视频聊天等互动服务，逐渐吸收、积聚并沉淀用户；再到微信、陌陌等借助 LBS（Location Based Service，地理位置服务）、兴趣、通信录等功能满足了不同需求；最后到如今新浪微博、陌陌等应用的上市，彰显出移动社交垂直模式的可行性。

移动社交正迎来新的发展机遇（见图 10-1），更多细分类型的产品迎合了移动社交用户的兴趣、工作、交友等多方面的需求，呈现出垂直化发展趋势。

垂直领域是指非综合的、对某一领域进行专业、深入探索的领域，比如拉勾网只做互联网行业的招聘，颇为专业，易做精做细，这就和一些综合招聘的网站区分开来，被叫作互联网垂直招聘。

2014 年是垂直领域 App 席卷市场的一年：其中，百度贡献了 14 个用户量超 1 亿人次的客户端，手机淘宝客户端的日活跃量超过了 8000 万，手机 QQ 的月人流量超 5 亿，微信月活跃量近 5 亿。

创新工场董事长兼首席执行官李开复曾说，今天的用户做事情考虑的四个方面是，简单、有用、好玩、畅快。他认为，在这样的背景下，社交是非常重要的。李开复用 4 句话表达了他对社交的理解：第一，一个好的社交产品应该是能够贴近人心，让人感到温暖和满足；第二，精准定位用户群，让他们能够沉迷和狂热——不要只是针对你了解到的他们的需求，而是要把他们塑造成一批可以描述出来的人；第三，社交产品是有持续性和延展性的；第四，重视用户行为。用户行为沉淀为丰富的内容，才能够给社交领域带来可持续化的优势。

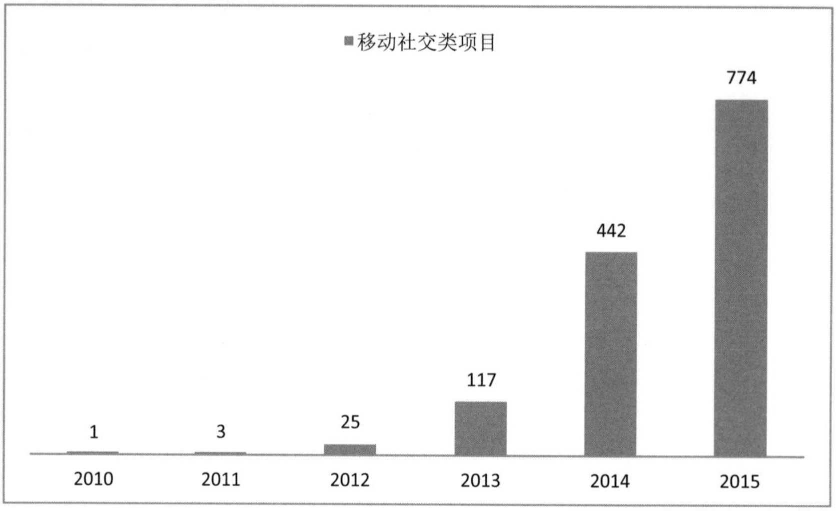

图 10-1　移动社交类项目数量发展趋势

所以，社交应继续走垂直化的道路，不是每个行业都需要建立一个完整的社交链，我们完全可以利用其他社交链如腾讯和新浪，实现自身的更好发展，实现行业的社交化。

10.3 自媒体+移动社交，媒体社交化

自媒体又称“公民媒体”或“个人媒体”，是指私人化、平民化、普泛化、自主化的传播者，以现代化、电子化的手段，向个人或大众传播信息的新媒体的总称。自媒体平台包括博客、微博、微信、百度官方贴吧、论坛等。

10.3.1 自媒体崛起，网红井喷

目前，自媒体正在迅猛生长，一些来自各行各业的专业人员正以这种独特的方式发声，向所有对他们感兴趣的读者传递那些你在公众世界里无法接收到的信息。

2012 年 8 月中旬，微信推出了微信公众平台；同年 11 月下旬，平台开放了自定义回复接口，围绕这个自定义接口出现了很多公众账号。长期关注政法领域的资深媒体人石扉客于 2013 年 2 月注册了一个微信公众账号“石扉客－法政观察”，主推时政观察评论文章，在短短的几个月里，他的微信公共账号订阅读者已高达 12400 位。

同样出于个人兴趣，依靠朋友相互推荐和粉丝口碑传播的微信公众账号“深夜谈吃”，也在短短的 4 个月时间聚集了近两万粉丝。最令账号运营者韩磊感兴趣的是和粉丝的互动，完全沉浸在个人趣味中的他甚至没有想过有关自媒体的问题，他认为自己“只是吃货为吃货写点东西。媒体从业多年，深知不易。兴趣变成工作，会是另一种悲哀”。

10.3.2 媒体社交化

显然，现在中国自媒体化正处于社交媒体阶段。

媒体社交化有以下特点：平民化、自由化；低门槛，操作简单；交互性强，传播迅速；信息良莠不齐，可信度较低。这种发展趋势挑战了传统媒体“一对多”的传播模式和新闻理念，移动化的社交方式更是让社交媒体打破了时空局限，每个人都可以成为新闻源和传播点。

社交自媒体在未来将会呈现出这样的发展特点：电商媒体化，媒体电商化；广告成为社交自媒体的直接盈利渠道；社交自媒体在招聘领域出现新商机，如图 10-2 所示。

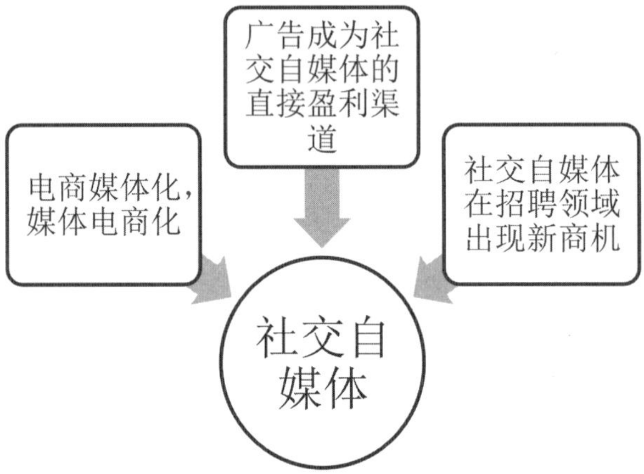

图 10-2 社交自媒体的未来发展特点

10.4　社群富媒体内容网住所有细分用户

社群的富媒体化，丰富了社群话题传播的形式：风趣幽默的长图片、个性独特的语音，以及充满创意的视频剪辑等。话题的多种模式呈现，促进了社群的高频次互动，信息引爆的效果更为明显。

每一种不同形式的富媒体内容，都会产生不一样的效果，风趣幽默的长图片，会引发互联网一代，尤其是伴随着互联网长大的 90 后群体。但过分的网络化风格，却不一定能打动以知识分子为主的社群。毕竟，他们们更加严肃，更加追求精神满足，互联网式的形态，不免让他们感到肤浅和庸俗，这时候话题内容不仅没有形成积极的互动，反而影响了整个社群的平衡。

富媒体化尽管会给社群带来不一样的气氛，但我们必须关注社群的定位，尤其是那些细分用户——只有贴合他们内心的富媒体内容，才能形成话题互动，从而将这些用户真正笼络在社群之中。

10.4.1　分析细分用户的行为习惯

细分用户的人数不一定很多，但却有非常坚定的行为习惯，有时候甚至是执拗。就明星社群而言，我们的内容可以活泼，但是不能“黑”，一旦传播的内容呈现出丝毫的挖苦讽刺，即便不是有意而为之，却依然会引起用户的反感，甚至引起他们的激烈反弹；同样，对于知识分子为主的社群，内容里充满了过多的网络用语，也会让他们感到莫名其妙，即便形式如何丰富，也很难引起共鸣。

借助富媒体的形式进行传播之前，我们必须对社群的用户习惯做一个基本的判断，尽可能不引起他们的反感。最好的方法，是定期进行调查问卷，看看他们平常喜欢登录哪些网站，更喜欢什么风格的文章。当对社群细分用户的行为习惯有了基本的了解之后，话题的制定才能更加精准， 内容的风格才能更加鲜明，才能引爆话题（见图 10-3）。如果社群的主要成员是盲人，你偏偏要使用图文并茂的风格进行推送，这怎么可能引起话题的引爆，以及用户的广泛讨论？因人而异，是社群富媒体内容的基本原则。

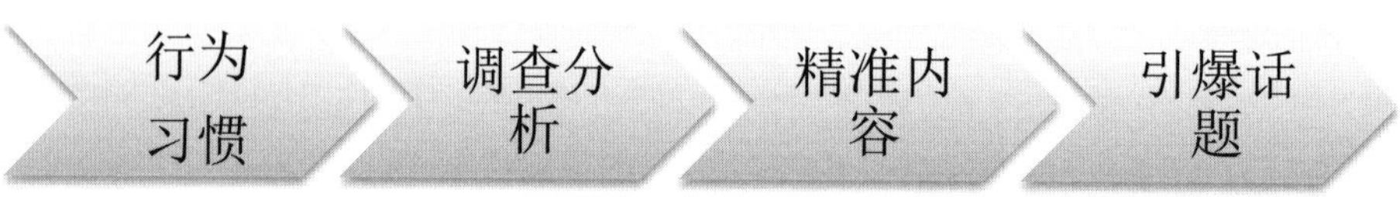

图 10-3　善于分析细分用户的行为习惯

10.4.2　引导细分用户形成习惯

细分用户尽管拥有较为固定的习惯，但不等于就没有改变的可能性，知识分子也能成为互联网达人，就像《锵锵三人行》的主持人窦文涛，一方面他带有明显的知识分子气质，但另一方面却又对互联网文化有着清晰的认识，因此他对于各种形式的内同推送，接受度就非常高。

如何引导细分用户形成不一样的习惯，这需要从平常的社群交流中培养，而不是一蹴而就的事情。例如对于严肃的科学讨论社群，不妨放出一些夸张的科幻电影片段，并提出问题：这样的场景究竟有哪些错误？但为什么它却能让人信以为真？这种引导，就是为了让这些人学会站在普通人的立场上看问题，了解真实的大众思想。当开始意识到自己的态度有些过于敏感，这时候他就会调整心态，开始尝试接受新的表现形式。当这种引导有了时间的积累，他们就会接受新的社群内容传播模式，不再排斥过去自己无法接受的部分富媒体形式。

10.4.3 社群富媒体内容必须精准

正是因为富媒体带来的不同形式，有时候内容不免出现明显的偏差——过分注重音效、过分讲究画面，反而导致核心的内容淡化。结果，社群用户的确感到了有意思、很好玩，但看完之后却完全忘记了自己看了什么，这就不能对社群细分用户形成足够的吸引力。

对于社群中风格不同的富媒体内容，社群经营方就应当做出相应的评判，例如在置顶的同时，补充一句：效果非常棒，很让人震撼！不过，如果主题可以更加精准，挖掘出真正的核心所在，那么是不是会更好呢？这种评论，既是对用户的一个提醒——这个内容还有欠缺；同时，还能引发社群细分用户进行互动讨论：到底缺少了什么？哪些部分是应该进行补充的？如此一来，原本有可能引起社群反感的富媒体内容，反而会给社群细分用户带来全新的话题。

社群富媒体内容，是激活社群活跃度、网住所有细分用户的有效手段，但这也需要讲究方法。切合目标群体的行为习惯，并能够带来真正值得探讨的话题，这时候富媒体才能展现出真正的效力，而不是仅仅停留在热闹之上。

10.5 在线支付 + 移动社交，支付社交化

在线支付是指卖方与买方通过互联网上的电子商务网站进行交易时，银行提供的一种网上资金结算服务，可以直接把资金从用户的银行卡中转账到网站账户中，汇款马上到账，不需要人工确认，与到银行转账（包括通过网上银行转账或者到银行柜台办理现金转账）的最大区别就在于可以自动确认预付款。

在线支付为企业和个人提供了一个相对安全、快捷、方便的电子商务环境和网上资金结算工具。在线支付不仅帮助企业实现了销售款项的快速归集，缩短收款周期，同时也为个人网上银行客户提供了网上消费支付结算方式，使客户真正做到足不出户，网上购物。

在线支付主要有以下两种方式：网银支付、第三方支付。网银支付指的是直接通过登录网上银行进行支付的方式。

而实际生活中应用更广泛的是第三方支付，因为第三方支付本身存在多种支付方式。

（1）将网银中的钱转入第三方账户。

（2）在用户支付的时候通过第三方账户中的存款进行支付。

（3）花费手续费（或无须手续费）进行提现。

第三方的支付手段是多样的，但其中移动支付正在成为一种趋势和潮流。

10.5.1 在线支付 + 移动社交

最常用的第三方支付是支付宝、财付通、环迅支付、易宝支付、快钱、网

银在线,而支付宝是其中更为常用的网上支付平台。支付宝由阿里巴巴公司创办，致力于在网络交易中为用户提供优质、安全的支付服务。支付宝服务自 2003 年 10 月 18 日在淘宝网推出以来，在短短的几年时间，迅速成为会员网上交易不可缺少的支付方式，深受淘宝会员喜爱。经过不断的改进，支付宝服务日趋完善。为了更好的运营支付宝，为用户提供更优质的服务，阿里成立了支付宝公司，并于 2004 年 12 月 30 日推出支付宝账户系统。

而在 2015 年 7 月发布的支付宝全新 9.0 版本，增加了“商家”和“朋友”两个一级入口，能搜索“吃喝玩乐”，能打折消费，还能添加支付宝好友，还能给家人开“副卡”。尤其在“朋友”一栏，可以添加好友并发起聊天甚至拉个好友群，特别开发了群收群付、群账户等功能，朋友聚会可以方便地 AA 支付了；有着相同兴趣的朋友，也可以建个经费群，让经费管理更加透明。没有支付宝账户的老人或孩子，家人也可以帮他们开通“亲情账户”，开通之后他们就可以使用支付宝和余额宝的一些基础功能，进行移动支付或者理财。另外一个变化就是，支付宝开发了“借条”功能，即在借钱的时候打个电子借条，“借条”支持设置利息和还款时间，到期不仅能自动提醒还支持自动扣款。这一功能化解了朋友间不好意思开口借钱的尴尬，还能解决朋友间不好意思催账的问题，也一并解决“忘记还钱”的麻烦。支付宝也设置有生活圈，即支付宝好友之间分享、交流生活动态。

除了支付宝之外，微信也成为新晋支付平台（见图 10-4）。微信本身是一个聊天社交类应用，但微信支付和转账也日渐成为新的支付方式，成功把社交和支付结合起来，实现了支付社交化。顾客在一些商家使用微信消费后，往往被商家添加为好友，无形之中拉近了商户和顾客的距离。商家会在朋友圈及时更新新品，吸引顾客到店里来消费，顾客可以先在微信上和卖家沟通交流，甚至直接在线上达成交易意向，有时间到店里取货或者直接快递到家。这就是移动互联网时代与过去的不同，什么都可以在网上进行，而且方便、高效，适应了生活节奏日益加快的今天。

图 10-4　微信支付和支付宝支付

10.5.2　支付过程尽可能保留在社群之中

社群用户进行支付时，尽可能避免太多的第三方跳转，通常来说，最好可以做到点击支付，直接弹出关联的支付宝或其他支付软件，避免反复登录而造成的复杂过程。当然，最好的方法是引导社群用户在微博或微信进行直接支付，因为微信与微博都开通了便利的直接支付功能,因此不会破坏用户的购买流程。而微博支付经过测试，也得到了很高的评价：用户对微博支付的接受度很高，微博支付的成交转化率大幅提升,较之前交易外跳的成交率提升了3~4倍。所以，多借助这种直接支付的场景，避免反复跳转，会给用户带来更好的体验。

而就在2015年8月，腾讯进一步宣布推出QQ钱包（见图10-5），主要的服务对象就是各大社群，如QQ群和兴趣部落。借助这样的契机，社群的支付通道将会更加便捷地打通。并且，QQ钱包显然更抓住了社群的风格，推出了优惠券系统、积分系统、企业红包、代付功能等，在社群的布局可见一斑。

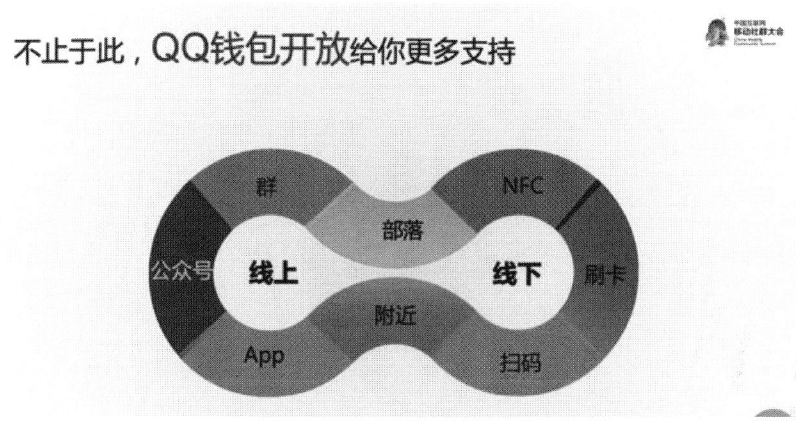

图10-5　QQ钱包的线上、线下支付体系

归根到底，无论是借助支付宝还是QQ钱包，抑或是通过自己的技术团队开发出了相应的支付系统，打通支付通道是所有社群都应该去做的事情。即便社群刚刚成立，社群粉丝的数量有限，也要开始这样的行动。同时，定期给社群粉丝们做一份生动有趣的消费统计趣味图，也会更加加深社群用户的支付习惯，这样社群的生态体系才会健康，营销也才更加得心应手。

10.6 互联网金融+移动社交，金融社交化

当下最火爆的商业关键词就是“互联网+”，然后新的商业模式不断涌现。作为商业与网络的连接器，互联网金融的服务应运而生。移动互联网最初改造了通信社交，然后是娱乐、生活、教育，现在也慢慢改变着金融服务。

据中国互联网信息中心发布的统计报告显示，截至2015年12月，中国手机网民用户数量突破6亿，手机网民成为第一上网群体。移动互联网的发展已成为未来各项业务开展的一个基石，而在此基础之上，不断有新的业务被开发，用以满足人们不断增长的需求。从增长潜力和发展程度来看，移动金融将是下一个风口。

从理论层面来看，移动金融的服务会给用户带来很大的便捷性。金融服务和生活服务的覆盖范围，将全面大大超过桌面互联网时代的网银服务。近场支付、二维码识别、手机定位等移动新技术不断被融入金融业务，信息交互性显著增强，极大方便了客户，使他们随时随地享受智能的、信息化的金融服务，这是传统桌面互联网金融服务无法达到的。移动金融已成为互联网金融发展的必然趋势。

上海科技金融研究所副所长孟添曾在“上海金融家沙龙”上表示：“传统金融机构和互联网金融机构并不是谁颠覆谁的关系，传统金融是鹅卵石，互联网金融要做填补鹅卵石之间缝隙的沙石和水。”他认为，移动化、数据化、社交化和集团化，是互联网金融未来的发展趋势。

10.6.1 金融与社交的跨界组合：平安天下通

“平安天下通”是首款金融行业即时通信应用，兼具社交和金融的双重属性，既能实现即时的通信功能，也有像朋友圈这种可以深入交流的社交服务，

能构建属于你自己的金融圈。在轻松社交的同时不断提供各类金融产品、资讯和服务，用户可根据自身需要量身定制，成为身边最贴心的掌上金融社交管家。

作为传统企业转型移动互联网企业的先锋，“平安天下通”不断尝试新颖的方式，满足了移动互联网时代中用户的多层次需求。“平安天下通”具有完善的社交特点，加上它的金融标签，形成了跨界整合的强势组合，人们只要带上手机，装上“平安天下通”就可以同步使用多项功能，同时移动互联网上的社交关系数据也成为企业为用户提供更好服务的依据。

“平安天下通”的种种特性，让它成为了移动互联网大潮中的突出聚合平台。

首先，“平安天下通”重在平台化发展，它发展的不是单项业务，而是打造一个全方位的移动社交金融平台，在此平台之上能够形成完整业务链。平台化的发展需要多方面的支撑，最重要的是要通过不断提供完善的服务改善用户的使用体验，增加用户数量，增强平台化的属性——以平台化为主，是移动互联网时代的最鲜明特点。平台化的发展速度，是移动互联网发展的重要因素。“平安天下通”打造的强大移动互联网金融平台，加速了金融行业移动化的进程。

此外，是它所具有的开放性。开放是互联网时代的重要特征。移动互联网金融要发展，就必须坚持开放，广泛开展合作，实现合作模式的创新。“平安天下通”以开放的姿态迎接移动互联网时代的到来，从与众多商户合作中可以看出，它有效整合了外部资源，打造出良好的生态环境，提高了金融平台的竞争力。

10.6.2 社交平台支撑的腾讯金融

十年前，腾讯做了互联网的支付业务；十年后，腾讯具备了良好的基础能力，在财富通的基础上成立了业务线，互联网金融业务成为腾讯集团的战略业务。

腾讯金融业务，以开放平台的模式为金融合作机构和用户以及社会创造了巨大的价值。

在过去的 2015 年，腾讯已经拥有超过几千万的理财通网上用户，同时红包一天收发量高达 22 亿个，日交易笔数迅速增长。腾讯相关负责人曾表明，腾讯金融不想做一个大而全的平台，只希望在相关的领域如信贷、理财、互联网证券中打造核心精品。同时，腾讯扶持有创新能力、有风险管理能力的团队和金融机构，为未来打造更大价值的产业奠定基础。

在腾讯金融业务快速发展的背后是两个巨大的社交平台——微信和 QQ，2016 年第一季度的月活跃分别达 7.6 亿和 8.7 亿，面对未来，社交平台必将希望与互联网金融机构共同生长。纵观当今态势，可以预测未来的互联网金融将会呈现出这样的发展趋势：互联网金融逐渐平台化；互联网金融往生活化和社交化方向发展；应用科技让人们享受更具个性的金融服务；互联网金融会通过移动化、产品化的方式来达到普惠金融；移动互联网金融最终将形成产业化。